Sammler-Katalog

Engel

73. Stahlstich v Carl Mayer's K.A. in Nürnberg

Ich werde Feind sein deinen Feinden und schlagen, die dich schlagen. Exod. 23, 22.

Verlag von Carl Mayer in Nürnberg.

Sammler-Katalog

Engel

200 Jahre Volksfrömmigkeit

von Georg Raiml
und Rolf Wendeler

Fotos:
Foto Anker, München; Richter & Fink, Augsburg;
Rudolf Majonica, München; Annemarie Wieser, München.

Die Deutsche Bibliothek – CIP-Einheitsaufnahme

Engel: 200 Jahre Volksfrömmigkeit / von
Georg Raiml und Rolf Wendeler. – Augsburg: Battenberg, 1994
(Battenberg Sammler-Katalog)
ISBN 3-89441-203-8
NE: Raiml, Georg; Wendeler, Rolf

Es ist nicht gestattet, Abbildungen des Buches zu scannen, in PCs oder auf CDs zu speichern
oder einzeln oder zusammen mit anderen Bildvorlagen zu manipulieren, es sei denn
mit schriftlicher Genehmigung des Verlages.

Gedruckt auf chlorfrei gebleichtem Papier.
BATTENBERG VERLAG AUGSBURG
© 1994 Weltbild Verlag GmbH Augsburg
Alle Rechte vorbehalten.
Gestaltung und Layout: Katharina Storz, Olching
Umschlaggestaltung: Zembsch' Werkstatt, München
Satz: satz-studio gmbh, Bäumenheim
Reproduktionen: Repro Mayr, Donauwörth
Druck und Bindung: Hofmann-Druck, Augsburg
Printed in Germany
ISBN 3-89441-203-8

INHALTSVERZEICHNIS

EINLEITUNG

»Schneuze dich behutsam ....« 7

EINFÜHRUNG IN DAS THEMA:
»ENGEL IM ALL UND ÜBERALL«

»Unüberwindlich starker Held, komm uns zu Hilf,
zieh mit zu Feld« 9
Vom »Engelgebet« bis zum »Engelwerk« 10
Ohne Heimatstern und Geschlecht 17
Sie tragen dich auf ihren Händen 21

EINFÜHRUNG IN DAS SAMMELGEBIET

Volksfrömmigkeit als Sammelgebiet 27
Glaubens- und Gefühlswelt 27
Heimliche Aufforderung zum Diebstahl 29
Nicht alles, was Flügel hat, sind Engel 29
Preise und ideeller Wert 30

KATALOG

Weihwasser-Figuren aus Porzellan und Metall 33
Schutzengel-Porzellan 39
Der Engel in biblischen Szenen 44
Klosterarbeiten und Eingerichte 46
Engel im Hausaltar – Kaminsimsengel 49
Grabengel und Trauerengel 53
Der Engel der Soldaten 56
Miniaturen, Stickereien, Drucke und Gemälde 61
Andachtsbilder, Spitzenbilder 66
Postkarten 74
Reiseerinnerungen – Grußkarten 78
Stiche, Kupfer, Lithos 81

HINWEISE FÜR SAMMLER

Herkunft und Hersteller von Gegenständen der
Volksfrömmigkeit 89
Literatur 92

LA BARQUE DU St ENFANT JÉSUS

Les Anges conduisaient la Barque Divine...
mais Jésus veillait......pour prier et pour bénir !

*»Schneuze dich behutsam und spucke nur hinter dir aus,
wegen der Engel, die vor dir stehen«.*

EINLEITUNG

Der Glaube an Engel und an ihre Schutzkraft ist unerschütterlich – früher, wie diese alte Mönchsregel beweist und heute, wie folgende Verkehrstafel an den Straßen Österreichs zeigt:

»Gib deinem Schutzengel eine Chance«.

Engel sind keine Erfindung Raffaels oder eines geschäftstüchtigen Devotionalienhändlers. Keine Gestalt der christlichen Religion begleitet so unermüdlich den Menschen durch das Leben wie sein Engel. Kein Tag vergeht, an dem nicht von neuen Heldentaten der treuen Begleiter zu berichten wäre.
Wir sind den Engeln leibhaftig begegnet; sie waren verwaist und zum Teil in erbärmlichem Zustand. Sie hatten ausgedient. Die, die sie zu beschützen hatten, sind längst gestorben und vergessen. Die Nachgeborenen haben ihre eigenen Schutzgeister. Wir fanden die Engel auf den Deponien der Friedhofssteinmetze. Es waren die Engel von den Gräbern, die – welch sinnvolles Wort – aufgelassen worden sind. Sie verbrachten ihr inzwischen nutzloses Dasein zwischen zerbrochenen Marmorplatten und rostigen Eisenkreuzfragmenten in tiefstem Gestrüpp.
Wir fanden sie bei den Trödlern, die davon leben, Hausstände aufzulösen. Möbel, Bilder, Schmuck hatten bereits neue Besitzer gefunden. Was blieb, waren die persönlichen, intimen Dinge. Fotografien von Hochzeit, den Kindern, ein paar Reiseerinnerungen. Vielleicht eine Urkunde. Und dann die Andachtsbilder, Wallfahrtserinnerungen, Sterbebildchen von Verwandten und Nachbarn und Engel. Wir fanden sie, vom Staub der Jahrzehnte befreit, bei Antiquitätenhändlern. Ehedem im Hausaltar oder auf der Vitrine: Figuren aus Porzellan oder Gips, Blech oder Holz, gerahmte Drucke, Spitzenbilder...
Welch verzweifelte Hoffnungen wurden von den unbekannten Besitzern an die Schutzengel geknüpft. Die rührenden Engelfiguren in wallenden leichten Gewändern halten schützend ihre Fittiche über Soldaten und gefährdeten Kindern. Ungezählte Hilferufe und Gebete ratloser einsamer Menschen werden wachgerufen. Welch ein Kontrast zur Realität. Hier der junge Sohn in Verdun oder Metz, dort der Wunsch, den geliebten Menschen weich, warm, liebevoll behütet zu sehen.
Unbestreitbar jedoch ist der unerschütterliche Glaube an die Kraft und Ehrbarkeit der Engeldarstellungen. Von vielem hätten sich zu Lebzeiten die vergessenen Besitzer getrennt. Von ihrem Schutzengel nie. Freiwillig nie. Und da bekanntermaßen der Glaube Berge versetzt, haben diese Figürchen und Bilder wahre Wunder vollbracht, haben beschützt und unermüdlich getröstet.
Jagen und Sammeln sind die ursprünglichsten Betätigungen des Menschen. Und Sammeln heißt heute auch Bewahren. So entsteht zu einem Thema, zu einer Zeit, von einer Denkweise, einer Gefühlswelt, einer Ausdrucksform ein klares Bild. In

diesem Fall wird der Versuch unternommen, einen Bereich der Volksfrömmigkeit darzustellen, der Gläubige im gleichen Maße berührt wie Ungläubige. Zu Marien- und Heiligenverehrung mag man reserviert stehen, seinen Schutzengel behandelt man höflich und aufmerksam. Und jedem Sammler sei gesagt: Je mehr er über sein Thema, sein Sammelthema weiß und in Erfahrung bringt, je intensiver wird die Bindung zwischen ihm und seiner Sammlung und das Vergnügen am persönlichen Besitz. Als die Sammlung, die in diesem Buch z.T. gezeigt wird, noch in den Kinderschuhen steckte, waren die inhaltlichen Kenntnisse über religiöse und geschichtliche Zusammenhänge sehr dünn. Nichts war bei den Sammlern bekannt vom Glaubenskampf um Engel in der christlichen Kirche, um die »wahre Engellehre« bis hin zum heißdiskutierten Engelwerk. Und nicht bekannt, daß nach einer aktuellen Repräsentativumfrage 30 % der Deutschen fest an ihren Schutzengel glauben (KNA-Inland 17.2.1994). Der nachfolgende Beitrag von Georg Raiml führt ein in die Geschichte des christlichen Engels, beschreibt die Engelhierarchien, die speziellen Funktionen, verweist auf entsprechende Passagen in Bibel und Literatur, setzt sich engagiert mit dem Engelwerk auseinander und kommt schließlich zu dem Schluß, daß der Umgang mit Engeln, mit seinem Engel, eine sehr persönliche individuelle Angelegenheit ist, im Glauben wie auch in der bildlichen Vorstellung: Gedankenfreiheit für Hirn und Auge. Das Buch befaßt sich nicht mit der »großen Kunst«, nicht mit Michelangelo, Dürer, Ignaz Günther oder Beuys, sondern mit der sog. Volksfrömmigkeit. Bilder und Figuren, die in riesigen Stückzahlen hergestellt wurden, also auch Ausdruck des allgemeinen Geschmacks und Empfindens in einem Zeitraum von nahezu 200 Jahren.

Und nicht nur für Engelsammler gilt:
»Engel sind schützenswert.«

Engel haben bis zu sechs Flügel,
landen aber nicht auf der Holperpiste unseres verschlafenen Wachbewußtseins.
Sie haben bis zu vier Gesichter,
zeigen unserer Blasiertheit aber nicht ihr wahres Antlitz.
Wir registrieren und negieren sie wie UFOS, wie nicht-identifizierte Flugobjekte.
Mit Engellehre und Engelglauben nagen wir an ihnen wie Hunde an einem Knochen.
Aber diese leiblosen, lautlosen, lichtschnellen Wesen lassen sich nicht einverleiben.

ENGEL IM ALL UND ÜBERALL

»Unüberwindlich starker Held, komm uns zu Hilf, zieh mit zu Feld«

Schutzengel für Daten und Sol-Daten

Da geschieht es in unseren Tagen, daß bei einem Gespräch zwischen einem Antiquitätenhändler und einem Buchauto, der Schutzengelfiguren aus der Hausfrömmigkeit und Schutzengeldrucke vom Devotionsbildchen bis zur Kriegs-Postkarte sammelt, letzterer auf Soldatenschutzengel zu reden kommt. Der Händler erstaunt: »Wußte gar nicht, daß es auch Datenschutzengel gibt.« – Er hatte als EDV-Zeitgenosse eben nur den aktuellen Wortanteil herausgehört.

Tatsächlich gibt es (noch) keinen eigens für den Datenschutz abgestellten bzw. angestellten Engel. Dabei wäre ein solcher Schutzengel bitter vonnöten, angesichts der »Hacker«, die lautlos in fremde Datenbanken einbrechen wie der Teufel in das geschmückte Seelenhaus im Evangelium und dort respektlos hausen (Mt 12,44), auch angesichts der Computerviren, die in Programme eindringen und dann bei Software und Hardware Verwüstung anrichten wie Aids in einem Körper. Angesichts von so viel Hilflosigkeit bräuchte es wahrhaftig einen himmlischen Schützer, der über elektronische Datenträger und Datenkinder seine Engelsfittiche breitet.

Die himmlische Zuständigkeit läge da wohl beim Engel Gabriel (außerhalb der Bibel auch als Erzengel geführt). Gabriel (»Starker Gottes«) ist in der Bibel des Alten Testamentes Nachrichtenvermittler zwischen Gott und Propheten (Dan 8,16; 9,21-23). In der Bibel des Neuen Testamentes überbringt er Gottes Pläne bezüglich der Geburt Johannes des Täufers und der Geburt Jesu (Lk 1,11ff-26ff).

Auch für die nachchristlichen Religionsstifter Mani (+274) und Mohammed (+632) ist Gabriel Vermittler göttlicher Offenbarung. Im syrischen Christentum und im Islam gilt Gabriel sogar als der höchste Engel.

Von Postboten und Zeitungsträgern wird der himmlische Botschafter Gabriel schon immer als Schutzpatron verehrt. Zusätzlich hat ihn Papst Pius XII. im Jahre 1951 zum Patron des Rundfunk- und Fernmeldewesens gekürt. EDV gab es damals noch nicht. Gewiß wäre sonst dem Himmelskurier auch diese Datenlandschaft als Schutzgebiet zugewiesen worden.

Drachenbezwinger unter sich

Bei den vielfach durch blutig-eisernen Zwang oder zwingende Gefolgschaftstreue zum Christentum gekommenen Völkern im mittelalterlichen Europa waren die handgreiflich personifizierten Erd- und Himmelskräfte, die Götter und Geister der alten Naturreligionen noch längst nicht tot und vergessen. Schweigend und solidarisch gewährten die Neubekehrten den alten, gebannten Göttern Unterschlupf in der neuen Religion. Unter dem Namen und im Gewand von Heiligen und Engeln wurden die alten Götter weiterverehrt – eine religionspsychologische Wirklichkeit, die ein Jahrtausend später auch bei der Christianisierung der lateinamerikanischen Indianervölker zum Durchbruch kam.

Kirchlicherseits hat damals bereits Papst Gregor I., d. Gr. (590-604) bei der Missionierung der Angelsachsen kulturreligiöse Anpassung empfohlen: Keine Zerstörung heidnischer Kultstätten, sondern deren Umwandlung in Kirchen, Verchristlichung heidnischer Feste, bei der Predigt des Evangeliums Berücksichtigung von Landessitte und Volksbräuchen. Dennoch mußte wenigstens ein theologisches Auge zugedrückt werden, wenn es darum ging, für Wodan oder Ziu eine ebenbürtige christliche Ersatzgestalt zu finden. Von den Engeln konnte hier der Drachenbezwinger Michael (Off 10,7-9) Eindruck machen, angesichts einer Mythologie, in der die Großgötter Wodan und Ziu auch als Drachentöter verehrt wurden. Allerdings ist nicht nachgewiesen, ob auf den zahlreichen Bergen mit Michaelsheiligtümern früher Kultstätten Wodans und Zius waren.

Bekannte »Michelsberg«-Heiligtümer sind der Monte Gargano an der Ostküste Italiens vom Ende des 5. Jh.; der Mont-Saint-Michel an der bretonischen Küste vom Beginn des 8.Jh.; die deutschen Michelsberge in Bamberg und Siegburg/ Bonn aus dem 11. Jh. Die Engelsburg in Rom, so benannt nach dem 590 Papst Gregor d. Gr. bei einer Pestprozession erschienenen Erzengel Michael, war all die Jahrhunderte hindurch weniger eine Stätte der Verehrung dieses Himmelsfürsten als vielmehr uneinnehmbare Festung, Kirchenstaatsgefängnis, Archiv und Fluchtburg der Päpste; im italienischen Staatsbesitz dann Kaserne und schließlich Museum.

»Deutscher Michel« und französischer Militärberater

Von den drei biblischen Namensengeln – Michael, Gabriel und Raphael – ist in der Geschichte des Christentums, vornehmlich in der abendländischen Kirchengeschichte, Michael (Wer ist wie Gott!) der Vorreiter geworden. Fünfmal insgesamt wird er in der Bibel genannt: dreimal im Buch Daniel als Engel-Fürst (Dan 10,13.21; 12,1); einmal im Judasbrief als Erzengel (Jud 9) und einmal in der Geheimen Offenbarung als Heerführer seiner Engel im Kampf gegen den Drachen und dessen Engel (Off 12,7).

Im Leben Christi scheint Michael nicht auf. In der Kirche Christi ist er eine herausragende Figur. Seine Verehrung kommt aus dem Osten in den Westen und prägt hier Missionsgeschichte, kirchliches und völkisch-nationales Leben. Christlich gewordene Völker des Mittelalters erküren ihn zu ihren Schutzpatron, nicht zuletzt zu ihren himmlischen Heerführer in den vielmals unvermeidlichen irdischen Kriegen samt den immer erwünschten Schlachtensiegen. Michael ist der Patron der christlichen Krieger, vor allem der Kreuzritter im Kampf gegen die Heiden. Als Schlachtenengel erscheint er, abgesehen von den Flügeln, in jeweils zeitgemäßer Ritterrüstung; hingegen als Thronassistent Gottes (zusammen mit Gabriel), als Seelenführer zum Endgericht und als Seelenrichter mit Waage eher in wallendem Zivil.

Zur Entstehung der Redensart vom »deutschen Michel«, die seit ihrer Bekanntheit in der Literatur als höhnende Verkörperung des Deutschen gebraucht wird, kann durchaus beigetragen haben, daß vor allem die Deutschen das Bild des Erzengels Michael an ihre Kriegsfahnen geheftet und den himmlischen Kämpfer zu Beginn der Schlacht mit trunkener Inbrunst als »Herzog Michael« besungen haben. In einer Spottbilddichtung von 1546 klagen gerade die deutschen Ordensritter in Preußen: *»Spot unser jedermann behend. Die teutschen Michel man uns nennt«.-*

Im Hundertjährigen Krieg zwischen Frankreich und England (1339-1453) macht dieser Erzengel gleichsam auch als Militärberater Kirchengeschichte: Die 1431 von einem ortskirchlichen Gericht als Hexe verurteilte und verbrannte und 1920 dann zentralkirchlich heiliggesprochene Jungfrau von Orleans hatte unter Eid beteuert, daß ihr in wiederholten Erscheinungen der heilige Michael die Anweisungen für ihre politischen und militärischen Aktionen zur Rettung des Vaterlandes gegeben habe.

Gewiß konnte dieser Kampf-Erzengel am Anfang der Zeit mit der alten Drachenschlange leichter fertig werden als später in der sich hinziehenden »Fülle der Zeit« mit der vielköpfigen Hydra von Schutzverpflichtungen gegenüber seinen Schützlingen, die mit seinem Bild auf ihren Fahnen und seinem Namen auf ihren Lippen in blutiger Feldschlacht auf Leben und Tod übereinander herfielen. In der Bibel des Alten Testamentes, in visionärer Schau des Propheten Daniel, wird der Engelfürst Michael als Fürsprecher und Schutzherr des alten Gottesvolkes erwähnt (Dan 10,13.21; 12,1). Den jüdischen Rabbinen galt Michael als höchster Engel. In der Zeit des Neuen Testamentes wird dieser Engelfürst schon sehr bald als Engel der Gemeinde Jesu, als Schutzherr des neuen Gottesvolkes gesehen; der in der Apokalypse (Off 12,1-10) geschilderte Sturz des Drachen durch Michael wird auch gedeutet als Intervention zum Schutz der vom Drachen verfolgten Frau = Kirche.

In einem Liedtext des Jesuiten Friedrich Spee, bekannt als Gegner der Hexenverfolgung, kommt die deutsch-kirchliche Michel-Stimmung von damals zum Ausdruck:

Unüberwindlich starker Held, komm uns zu Hilf, zieh mit zu Feld. Die Kirch dir anbefohlen ist – du unser Schutz- und Schirmherr bist. Den Drachen du ergriffen hast – und unter deinen Fuß gefaßt. Beschütz mit deinem Schild und Schwert – die Kirch, den Hirten und die Herd. (1621)

Vom »Engelgebet« bis zum »Engelwerk«

Michael, Gabriel und Raphael

An den Fingern einer Hand sind sie aufzuzählen, die wenigen Engel, die gegenwärtig in der christkirchlichen Verehrung mit Namensschild dastehen: Michael, Gabriel und Raphael. Weil ihr Platz in der Bibel gefunden wird, haben sie auch öffentliche und namentliche Verehrung in der Kirche gefunden – und behalten. In der frühen Kirche nämlich wurde auch noch eine Anzahl jener Engel verehrt, deren Namen nicht in den kanonischen Schriften des Alten und Neuen Testamentes, wohl aber in der apokryphen religiösen Literatur des Judentums, vor allem im Hennochbuch zu finden sind. Aber bereits eine Lateransynode vom Jahre 745 erklärte, für den Christen gebe es nur drei Engelnamen: Michael, Gabriel und Raphael.

Im Deutschland des 8. Jh. hat Bonifatius (+754), der »Apostel der Deutschen«, mit all seinem Einfluß gegen einen heidnisch wuchernden Engelkult gekämpft. Auf sein Betreiben wurde der häretische Engelfanatiker und unkanonisch geweihte Wanderbischof Aldebert kirchlich verurteilt, und als er für sein »Engelwerk« weitermissionierte, durch Rom laisiert und in Fulda in Klosterhaft genommen. Aus der kirchlichen Internierung entflohen, wurde er von räuberischen Hirten erschlagen, ohne daß ein Engel schützend interveniert hätte, wie das in biblischen Zeiten noch üblich war – als der Apostel Petrus von einem »Engel des Herrn« aus der Todeszelle befreit wurde (Apg 12,1-10); als Judas der Makkabäer in offener Feldschlacht von zwei Reiterengeln auf goldgesäumten Pferden in die Mitte genommen und vor jeder Verwundung geschützt wurde (2Makk 10,29-30); als der junge Tobias beim Baden im Fluß von einem riesigen Raubfisch angefallen und durch Zuruf seines ihm namentlich noch unbekannten Begleitengels Raphael gerettet wurde (Tob 6,1-3), als die drei Jünglinge im Feuerofen durch den »Engel des Herrn« von den Flammen verschont blieben (Dan 3,49-50).

Bischöfe und Engel

Im mittelalterlichen Kampf gegen die nicht-biblischen Engel unterstützte der karolingische Hof die Kirche bereitwillig mit Acht und Bann gegen jeden, der die geächteten außerbiblischen Engel namentlich verehrte. Auch das »Engelgebet« des bischöflichen Häretikers Aldebert mitsamt Engelnamen wie Uriel, Raguel, Tubuel, Aldinus, Tubuas, Sabaoc und Simiel wurde als »Dämonenanrufung« verworfen.

Zugegeben, in der Zeit des Bonifatius schien aus der Sicht des kirchlichen Lehr- und Hirtenamtes die Engelverehrung in weiten Kreisen zur Glaubensverirrung zu werden. Die göttliche Gestalt Christi, die unbedingt Mittelpunkt allen religiösen Sinnens und Trachtens bleiben mußte, geriet im Glaubensleben solcher Engelverehrer zur Randfigur. Wurde doch bereits in den ersten christlichen Jahrhunderten selbst Christus zuweilen als »Engel« (Bote, Gesandter) des Vaters bezeichnet. Und manche Theologen haben Christus als Menschen sogar den Engeln untergeordnet (Pseudo-Dionysius).

Ein Rauschen, wie das beim Propheten Ezechiel mehrfach geschilderte Rauschen der vierflügeligen Kerub-Engel (Ez 1,24;10,5), ging im Frühjahr 1988 durch die deutsche Kirche. Der Kampf gegen eine heidnische Engelverehrung, bereits im 8. Jahrhundert von Bischof Bonifatius, dem Apostel der Deutschen, mit römischer und karolingischer Unterstützung geführt, erhielt eine deutsche, bis heute andauernde, Neuauflage im 20. Jahrhundert. Die gewiß nicht flammende Empfehlung der Deutschen Bischofskonferenz, in den Bistümern die Engelwerk-Exerzitien zu untersagen, hat Kardinal Friedrich Wetter, Erzbischof von München mit pastoraler Entschlossenheit aufgegriffen. Mit einem eigenen Verwaltungsbefehl hat er allen Priestern, die dem sogenannten »Engelwerk« (Opus Angelorum) und angegliederten Gemeinschaften angehören, verboten, innerhalb des Erzbistums Exerzitien und Einkehrtage zu halten, und ihnen (soweit nicht dem Erzbistum München angehörend) zugleich für den Bereich des Erzbistums die Predigterlaubnis entzogen. Das geheimgehaltene, zufällig bekannt gewordene, kirchlich geprüfte und theologisch zu leicht befundene »Handbuch« des Engelwerkes hatte die Deutsche Bischofskonferenz auf ihrer Frühjahrsvollversammlung 1988 bewogen, gegen dieses Opus Angelorum vorzugehen. Das Heilswerk Christi fände im Engelwerk zwar Erwähnung, aber keinen angemessenen theologischen Platz und werde sogar an den Rand der Glaubenslehre und Spiritualität gerückt. MKKZ 24.4.1988, S.2; KNA 29.4.1988, Nr. 186.

In der Diözese München hat dann vornehmlich Regionalbischof Heinrich v. Soden-Fraunhofen aus überzeugter pastoraler Verantwortung heraus die Engelwerksszene wachsam im Auge behalten und in wiederholten Stellungnahmen auf die Gefährdung des katholischen Glaubens, des kirchlichen und zwischenmenschlichen Lebens und der individuellen Persönlichkeit durch die Engelwerkspraktiken hingewiesen.

Eine Frau sieht hell

Die Innsbrucker Hausfrau und Engelnamensträgerin Gabriele Bitterlich (1896-1978) lebte die letzten 30 Jahre ihres Daseins in einem nie abreißenden Strom von Privatoffenbarungen –

werksinterne Sprache: von »Charismen«. Die »Mutter«, so wurde sie genannt und so steht auch auf ihrem Grabkreuz auf dem Petersberg in Tirol, schaute in ununterbrochener Hellsicht durch grobstoffliche Physik und herkömmliche Geographie hindurch sowohl die Menschen in einer von Engeln und Teufeln bevölkerten Welt als auch die Wirkungen des guten und bösen Wollens dieser Geister auf die Menschen und die sie umgebende und beeinflussende Mineral-, Pflanzen- und Tierwelt. Eine nur phantastische oder faszinierend-wirkliche Welt-Anschauung?- Stellen wir uns vor, wir würden mit einem naturhaften Röntgenblick sämtliche Strukturen des menschlichen Körpers, all seine laufenden Funktionen von der groben Bewegung des Magen- und Darminhalts bis zu den zellinternen Vorgängen und auch das bakterielle Leben im menschlichen Organismus ständig vor uns haben.

Unter den kolportierten 80 000 Manuskriptseiten der Geisterseherin ist auch »Das Handbuch« des Engelwerkes. Darinnen eine groteske kosmische Gesamtschau, viel Volksaberglauben als übernatürliche Privatoffenbarung geboten, aber auch sachliche, fromme, ergebene Sätze:

»Was hier in aller Armseligkeit und Unzulänglichkeit niedergeschrieben ist, stellt den Versuch dar, das Werk der heiligen Engel der Praxis des täglichen Lebens eines Seelsorgers nahezubringen.« Handbuch S. 1.
»Wie alle Schriften im Engelwerk wird auch dieses Handbuch... zur Gänze der Barmherzigkeit Gottes und dem Urteil der Mutter Kirche unterworfen.« Handbuch S. 2.
Der Mensch »steht im Mittelpunkt des Kampfes zwischen Himmel und Hölle, anstrahlbar und selbst strahlend... Die heiligen Engel ziehen ihn hinauf zu sich in die Seligkeit der GOTTerfülltheit, die Dämonen ziehen ihn hinunter in die Gottlosigkeit« Handbuch S. 180.

Die Engelwerker scheuen allerdings auch vor theologischer Landnahme nicht zurück, in Erinnerung rufend, *»daß Privatoffenbarungen – oder wie im OA (Opus Angelorum) lieber gesagt wird: ›,‹« –* der kirchlichen Lehre nicht widersprechen dürfen, aber sie können sehr wohl darüber hinausgehen. *Die Engel- und Dämonenlisten im Handbuch seien also lediglich ,Präzisierungen» dessen, was allgemeines Offenbarungsgut ist«.* DAS ENGELWERK, S. 6, Weihbischof Heinrich v. Soden- Fraunhofen, 19. Juni 1990.

Der Teufel haust in den Dingen wie Aids im Körper

Ein Schlüsselwort im »Handbuch«: *Strahlungen -*

»Anstrahlbar von Engel und Dämon ist nicht nur der Mensch als direktes Kampf- und Beuteziel. Auch Dinge in der Natur dienen als Mittel zum Zweck. Jedes von Gott geschaffene

Countess Feodora Gleichen: Satan (Bronze)
(Satanas ... Fürst der Welt, Thronanwärter Luzifers lt. Handbuch)

Wesen strahlt: Stein und Pflanze, Wasser und Erde, Tier und Mensch, Dämon und Engel... Engel strahlen nur gut... Dämonen strahlen nur schlecht. Menschen können gut strahlen, wenn in ihren Strahlen die Gnade Gottes und die Kraft der hl. Engel wirkt. Sie können aber auch schlecht strahlen.... Alle anderen Wesen strahlen neutral, aber sie sind den Strahlen der höheren Wesen ausgesetzt.« Handbuch S. 180-181.

Für unsereins verständlich, wenn ein Mensch eine Ausstrahlung hat, die ermunternd, ermutigend, lähmend, bedrohend oder gleich Null ist. Wenn gutes und böses Wollen und Wünschen: Segnen und Fluchen – bene-dicere und male-dicere – eine Strahlkraft haben. Nicht auf Anhieb verständlich, warum eine »häßliche« Spinne oder eine »ekelige« Ratte in unserem Kulturkreis auf nahezu jedermann eine abstoßende und furchterregende, auf einige Biologen aber eine faszinierende Ausstrahlung haben, in einem anderen Kulturkreis jedoch, jenseits von Furcht, Ekel und wissenschaftlicher Faszination, nur mit der Ausstrahlung einer Leckerbissen-Jagdbeute aufwarten können.

Strahlungen in unserer Sinnes- und Körperwelt der »Wirklicheitsklötzchen«, heilend und schädigend, gehören zur Alltagserfahrung und zum physikalischen Einmaleins – von der therapeutisch gesteuerten bis zur thermonuklear wilden Radioaktivität, von den Hochgebirgs-Ultrastrahlen bis zur reflexverstärkten Sonnenstrahlung auf dem Wasser.

Strahlungen in der Welt des Engelwerkes werden je nach individueller Geisteskindschaft geheimnistief und glaubensschwer oder grotesk und gruselig. Die Dämonen Och und Astaroth bestrahlen Menschen mit Gold, um in ihnen

Hochmütigkeit, Verschwendung, Prahlsucht und Lebensgier ausbrechen zu lassen – Handbuch S. 181. Und – man muß es nur wissen:

»Pflanzen sind noch weniger widerstandsfähig gegen die Strahlungen von Dämonen; sie können an Orten mit dauernder dämonischer Bestrahlung nicht gedeihen (so wachsen an Mordstellen meist nur stachelige oder giftige Pflanzen, wie Schierling, Disteln, Beinkraut usw.). Bäume verkrüppeln durch schlechte Bestrahlung. Jedoch gibt es Pflanzen, deren Eigentrahlung von keiner Strahlkraft eines Dämons getroffen werden kann (Ölbaum, Flachs, Linde, Kamille), und darum werden solche auch in der Symbolik als von hl. Engeln behütet genannt.« Handbuch S. 181-182.

»Sehr gut« mit Einschränkung

Für den verbotenen Baum mit seinen Früchten im Paradies muß wohl nicht ohne Einschränkung gegolten haben, was nach dem ersten Buch der Bibel die Endabnahme am sechsten Schöpfungstag ergab: *Gott sah alles an, was er gemacht hatte: Es war sehr gut* (Gen 1,31). Dieser Baum gehörte offensichtlich nicht zu den *gegen Dämonenstrahlungen widerstandsfähigen* und *von hl. Engeln behüteten Pflanzen* – heißt es doch im selben ersten Buch der Bibel: »*Da sah die Frau, daß es köstlich wäre, von dem Baum zu essen, daß der Baum eine Augenweide war und verlockte«* (Gen 3,6).
Den Teufelskreis von Versuchung, Sünde und Verlorenheit an die Sünde sieht Gabriele Bitterlich in plastischer Schau:

»Wenn ein Mensch durch eine Sünde gegen die Einwirkung des Engels immun wird, sieht er aus, wie mit einer Schicht überzogen, durch welche keine Gnade hindurchkann und an der die Strahlen des Engels abprallen.« Handbuch S. 182.

Wer schon vor sich selbst und anderen als Tierfreund dastehen möchte, der sollte auch wissen: Für dämonische Strahlungen am meisten empfänglich sind: graue, gefleckte und schwarze Katzen und Hennen, Schweine und glatthaarige Hunde, Schmeißfliegen, Ratten und Schlangen; nicht empfänglich sind unter anderen: Schaf, Esel und Jungvieh, Sperling, Taube, alle Singvögel, Bienen und Marienkäfer. Handbuch S. 183.
Um sich zu schützen, ist es gut, um die sog. »Durchstrahler« zu wissen, das sind durch die Praxis der Schwarzen Magie abgefeimte Menschen, bei denen die Dämonen Zugang und Durchgang haben, so wie das Licht durch das Fenster geht. Dämonen via »Durchstrahler« kommen »*meist durch Hebammen, Bauersfrauen, Zigeuner, Botenfrauen, alte rachsüchtige Bauern..«* Handbuch S. 292.

Hausbesetzung im liturgischen Kalender

Was Engel und Menschen über unsichtbare Grenzen hinweg verbindet, ist beileibe nicht alles bekannt und kirchlich geregelt. Den unbehinderten, grenzfreien Verkehr, wie ihn die Anhänger des Engelwerkes insgeheim betreiben, mag und kann die Kirche nicht billigen. Verhindern kann sie ihn offensichtlich auch nicht.
Während die Kirche ihren drei biblischen Namensengeln Michael, Gabriel und Raphael »nur« einen gemeinsamen Festtag zuweist – den 29. September, und für die Schutzengel den 2. Oktober als gebotenen Gedenktag reserviert, muß sie sich in ihrem liturgischen Kalender mit all seinen Heiligentagen und heilsgeschichtlichen Festen durchgehende Quartiernahme und Hausbesetzung durch das Engelwerk gefallen lassen; mit Hundertschaften von Engeln belegen die geistlichen Bitterlich-Kinder alle Tage des Kirchenjahres – angefangen vom 1. Januar mit einem Engel namens Alphai, bis zum 31. Dezember mit dem Engel Edomiel. Selbst die Hochfeste des Kirchenjahres bleiben von Einquartierung nicht verschont: Engel Jahwe läßt sich am Fest Epiphanie feiern, am hohen Ostertag wird des Engels Jesu, am Pfingstfest des Engels Eja und an Weihnachten des Engels Jah gedacht, alle aus dem 1.Chor der Seraphim. Handbuch, Namensverzeichnis der heiligen Engel S. 8-102
Neben die volkstümlichen 14 Nothelfer aus dem irdischen Heiligenkalender der Kirche stellt das Engelwerk die 14 Himmlischen Nothelfer aus den Reihen der seligen Geister; daneben sind noch die Sieben Tabernakel-Engel, die Vier Rächer, die Vier Brüder und der Engel der Rechenschaft Die Liste der 400 Engels- und 200 Dämonennamen im »Handbuch«, mit den zusätzlichen Angaben zur Person, mutet an wie Babylonische Sprachverwirrung und Geheimdienstarchiv.

Taktische Tarnung

Von nicht wenigen wird das Engelwerk als Teufelswerk gesehen, als Satan, der sich als Engel des Lichtes ausgibt (2Kor 11,14).
Ein ehemaliges Mitglied über das Werk:

»Die nach außen hin demonstrierte Christozentrik ist nur taktische Tarnung. Intern wurde gesagt: ‚Die tägliche Anbetung vor dem Sanctissimun wird uns vor dem Vorwurf der Häresie bewahren«‘. Das Engelwerk, eine Untergrundbewegung in der Kirche, S.2, Freising, im April 1990, Heinrich v. Soden, Weihbischof.

Die werksinterne eucharistische Frömmigkeit führt mit ihrem Sühneprogramm (Sühnebeichte, Sühnekommunion und dreistufige Sühneweihe) von der Kreuzesnachfolge Christi weg zum Sondereinsatz auf dem Schlachtfeld Engel gegen Teufel.

Das jeweils geforderte Sühneverhalten erfährt der Mensch durch Hinhorchen auf den Engel – kein Christus und kein Heiliger Geist haben hier das Wort. Zusätzlich wird die eucharistische Vereinigung mit Christus verflacht und entleert durch die Lehre, wonach die Kommunion den Kommunizierenden auch mit seinem Engel geheimnisvoll-wirklich verbindet; daher auch die Praxis der Mitglieder und Anhänger, so oft wie möglich zu kommunizieren, womöglich mehrmals am Tag. Aus der eucharistischen Zweisamkeit wird in der Engelwerksspiritualität eine euphonisch-mysteriöse Dreiecksverbindung. –

Der Mensch und sein Engel – die tragende Achse in der Engelwerks-Engellehre. Über ein Stufensystem von Weihen gelangt der Mensch in den inneren Kreis: Schutzengelversprechen (unverdächtige Vorstufe), Schutzengelweihe (Eintritt in das Engelwerk), Engelweihe (mystische Vermählung mit dem eigenen Engel), daneben noch die dreistufige Sühneweihe (allgemeine, besondere, geheime). Bei diesem siebenstufigen Ritus geht es unmittelbar um die Achse Engel-Mensch. Gott wird dabei nur als Zeuge angerufen, Jesus als der Weg zum Vater fehlt. An himmlischen Privilegien fehlt es nicht: Wer sich der Sühneweihe unterzieht, ist »*bei den heiligen Engeln eingetragen in die Reihe der Schutzengel und genießt das Recht der besonderen Fürbitte bei Gott im Maß der Schutzengel.*« Manuskript DAS ENGELWERK, S.11, Heinrich von Soden, Weihbischof, 19. Juni 1990.

Päpstliches Recht macht frei

In kirchlichen Kreisen, die mit pastoraler Verantwortung vor Ort in Tuchfühlung stehen, scheint die Gründung des durch Gabriele Bitterlich angeregten Engelwerkes in seiner gegenwärtigen Dreistufigkeit, eher als gelungener, teuflisch schlauer Marsch durch kirchliche Instanzen. Der in Literatur und amtlichen Schriftverkehr eingebürgerte, von den Interessenten selber gewählte Sammelname »Engelwerk« hat keine kirchenrechtliche Geltung. Eine Vereinigung unter diesem Namen gibt es kirchenrechtlich nicht. Der Sammelname »Engelwerk« beinhaltet drei kirchliche Vereinigungen: Die 1961 in Innsbruck gegründete *Schutzengelbruderschaft*, die 1969 in Augsburg gegründete *Priestergemeinschaft vom heiligen Kreuz im Werk der heiligen Engel*, beide bischöflichen Rechtes, und den Orden päpstlichen Rechts der Regularkanoniker vom heiligen Kreuz von Coimbra, dessen Wiedererrichtung auf Betreiben führender Engelwerk-Priester und mit Hilfe des damaligen Altbischofs von Leiria/ Portugal erfolgte – 1978.

Dazu ein früheres Mitglied des Engelwerkes:

»*Das Opus Angelorum hat keine Sekunde lang ein echtes Interesse an der Spiritualität und an den Zielen des Kreuzordens gehabt. Es ging dem Engelwerk lediglich um die Freiheit von jeder bischöflichen Jurisdiktion und um den Freiraum, den das Werk als kirchliche Rechtsperson brauchte, um seine geistige Frucht mit dem Anschein kirchlicher Billigung unter das gläubige Volk zu bringen. Der Orden wird lediglich als Tarnung für eine ‚wichtigere» Mission gebraucht. Was ist schon der Papst, und was sind die Bischöfe? Die Engel werden das gestaltende Moment der Endzeit sein. Sie holen die Schöpfung heim.*«- *Das Engelwerk, eine Untergrundbewegung in der Kirche, S.11*, Freising, im April 1990, Heinrich v. Soden, Weihbischof.

Das Werk in einem Kommuniqué vom 6.6.1992 über sich selber:

»*Das Werk der heiligen Engel bekennt sich zum WORT Gottes, so wie es in der Heiligen Schrift und Überlieferung und vom lebendigen Lehramt der Kirche vorgelegt wird, als Fundament jeder christlichen Spiritualität und besonders des GOTTgeweihten Lebens. Es steht auch in Treue und Gehorsam zum Heiligen Vater.*«

Stammplatz Kreuzworträtsel und andere Biotope

Namen wie Uriel, Raguel, im »Engelgebet« des zu Bonifaz« Zeiten erschlagenen Aldebert und auch in der Engelliste der Bitterlich-«Mutter« genannt, hat der Namenschrist von heute nicht im betenden Herzen, sondern höchstens im rauchenden Kopf – beim Lösen von Kreuzworträtseln. Dabei wäre Uriel (hebr.: *Licht ist Gott*) zweifellos der geeignete Nachfolger für den abtrünnigen und von Michael besiegten Luzifer (lat.: *Lichtträger*) – der antike Name für Morgenstern, verwendet in der Übersetzung von Jes 14,12: »*Wie bist du vom Himmel gefallen, du schönes Glanzgestirn*« (helel ben sahar = *Sohn der Morgenröte*); seit den Kirchenvätern im Frühmittelalter als Name für den Anführer der von Michael niedergeschlagenen Engelrevolte gebraucht (Off 12,7-9).

Mit der Neuzeit verschwinden die Engel rasch aus ihrer mittelalterlichen Langzeitwohnung in der spekulativen Theologie. Im 20. Jh. verschwinden sie nahezu und zusätzlich als Lehr- und Lernstoff aus der theologischen Ausbildung, aus der kirch-

lichen Verkündigung und auch aus der breiten Volksfrömmigkeit. In den Dokumenten des 2. Vatikanischen Konzils sind die Engel zeitgemäß kein Thema, auch kein nebensächliches; nur in der Dogmatischen Konstitution über die Kirche erscheint das Wort *Engel* zweimal als Mitläufer in Zitierungen. In der Themengalerie des Römischen Weltkatechismus nehmen die Engel einen eher bescheidenen Platz ein. Dogmatisch knapp und konventionell theologisch wird auf die Glaubenswahrheit ihrer Existenz, auf ihr Wesen als reine Geister, auf ihre Zugehörigkeit zu Christus und Kirche hingewiesen. Die Kirche in ihrer Liturgie *»feiert insbesondere das Gedächtnis gewisser Engel (der heiligen Michael, Gabriel und Raphael und der heiligen Schutzengel)«*, S.118/335 – *wenigst*ens in Klammern werden diese »gewissen Engel« sogar namentlich vorgestellt.

Im Hinblick auf die Stellung der Engel im Kosmos und die Erhaltung des Engelglaubens in der Glaubenslandschaft der Kirche haben die Engelwerks-Mitglieder eigene Vorstellungen und ein zielgerichtetes militantes Vorgehen – ähnlich den militanten Naturschützern und Greenpeace-Aktiven, wenn es um die Erhaltung der Biosphäre geht. Es ist wie ein kleiner Kirchenkampf um die Engel, ein Glaubenskampf innerhalb der Kirche. Eine kleine Gruppe will Freiheit für ihren eigenen Engelglauben innerhalb des Universalglaubens der Kirche, will ein selbsterrichtetes und selbstverwaltetes Biotop für Engel in der Glaubenslandschaft der Kirche. Verbissenheit, Selbstisolierung und ungewollte Selbstidentifizierung sprechen aus den Worten eines führenden Engelwerks-Priesters: »Wir haben das gleiche Lebensrecht wie die Zeugen Jehovas, und denen macht es ja auch niemand streitig.«- *Das Engelwerk, eine Untergrundbewegung in der Kirche,* Freising, im April 1990, Heinrich v. Soden, Weihbischof, S.15.

Dekret – unterzeichnet und unterlaufen

Bonifatius konnte damals im Engel-Glaubenskampf den weltlichen Arm der karolingischen Staatsmacht für sein Anliegen mobilisieren und er hatte auch die römische Zentrale voll hinter sich. Die Staatsmacht von heute zieht für die Kirche Steuern ein, aber sie zieht nicht mehr vom Leder gegen innere Glaubensfeinde der Kirche. Es sei denn in Falle einer für den Staatsanwalt griffigen Gefährdung der Öffentlichkeit, und diese ist mit einer Schlagzeile in der Tageszeitung wie *Psychoterror – Scharfe Kritik am Engelwerk* noch nicht gegeben.

Die Glaubenskongregation in Rom mit ihrem verantwortlichen Unterzeichner Kardinal Ratzinger diktiert per Dekret (vom 6. Juni 1992), was das Engelwerk nicht mehr darf – unter anderem:

Kein Gebrauch von Engellehre und Engelsnamen aus den Schriften von Frau Bitterlich, kein werkseigenes Exorzismusritual, keine »Engelweihen«, keine Auferlegung des Schweigeversprechens und Fernspendung von Sakramenten.

Dazu Weihbischof Heinrich von Soden-Frauhofen in einer Stellungnahme vom 6. Juni 1992:

»Allerdings bleibt trotz des Dekrets gegenüber den Vereinigungen und besonders gegenüber den Führungskadern des Engelwerkes große Wachsamkeit angebracht. Es ist zu befürchten, daß sie in Wirklichkeit an ihrer Einstellung festhalten und ihre Bemühungen noch stärker tarnen. Da sie sich als apokalyptische Endstufe der Kirche verstehen, ist zu vermuten, daß sich viele Mitglieder des Werkes durch die Entscheidung der Römischen Glaubenskongregation in ihrem Denken und in ihren Zielen nicht beeinflussen lassen.«-

Diese Befürchtungen des Regionalbischofs Heinrich v. Soden haben sich bisheran bestätigt. Die Engelverehrer sind der Taktik des Tarnens und Täuschens, der »U-Boot – Taktik« ihrer »Mutter« treu geblieben. Sie bewähren sich als findige Nachahmer des großen Ex-Engels, dem die Bibel bestätigt: *Die Schlange war schlauer als alle Tiere des Feldes* (Gen 3,1). Die im römischen Dekret verbotenen »Engelweihen« laufen unter dem neuen Namen »Engelbündnis« weiter. Nach dem neuen Kirchenrecht sind »Private Vereine von Gläubigen« erlaubt (Can. 321-326); die lassen sich allerdings auch zur Tarnung eigener Aktivitäten gleichsam wie Strohmänner und Briefkastenfirmen benutzen.

Regionalbischof v. Soden ist Realist: Auf dem Verwaltungsweg sei praktisch nichts mehr zu machen. Das Engelwerk biete mit den welt- und lebensbeherrschenden Engeln ein Weltbild und eine Lebensbewältigung an, die vielen von der Lebens- und auch Glaubenskomplexität geschockten Menschen als sinnvoll und realisierbar erscheinen. Die Katechismen und Glaubensbücher seien vielen Christen zu dick, die dünne Glaubensbroschüre mit ihren Simpelantworten sei für viele des Rätsels Lösung. Dennoch dürfe man als verantwortlicher Künder des Wortes nicht aufgeben. Die katholischen Gläubigen müßten weiterhin mit aller Entschiedenheit und mit handgreiflichen Hinweisen vor diesem Werk gewarnt werden.

»Bettelbrief« und »schützender Bescheid«

Es gibt Bischöfe, Priester und Laiengruppen, die dem Engelwerk nach wie vor offen zugetan sind. Vatikanische Stellen, trotz verbaler Betonung des Glaubensgehorsams und Verfügung von Verboten, belassen das Werk in der kirchlichen Vereins- und Ordensfamilie und scheinen geneigt, die Gnadenfrist für den unfruchtbaren Feigenbaum aus Lk 13,6-9 immer wieder zu gewähren. Die Entschiedenheit, mit der Rom zu Bonifaz« Zeiten das damalige Engel-Unwesen bekämpfte, wird in der heutigen Auseinandersetzung mit der Engelwerk-Szene nicht mehr gefunden. Mit erstaunlicher Duldsamkeit läßt man sogenannte fundamentalistisch-integralistische und totalitäre Gruppierungen in der Kirche gewähren, als ob hier innere Verwandtschaft gegeben und äußere Kumpanei angebracht sei, auch wenn sie ihre Mitglieder mit Gehirnwäsche, Gruppenzwang, Angst und Schuldgefühlen traktieren und ihnen mehr Gewissensterror als geistlichen Trost zuteil werden lassen, und darüber hinaus noch mehr hinter ihrem Geld her sind als der Teufel hinter ihren Seelen. Das Engelwerk hat offensichtlich Finanzspeck angesetzt und kann sich brüsten mit Verweis auf »*Bettelbriefe des Vatikans mit der Unterschrift seiner Eminenz, Kardinal Casaroli, Staatssekretär seiner Heiligkeit, auf unserem Schreibtisch.*«- Das Engelwerk, eine Untergrundbewegung in der Kirche, Freising, im April 1990, Heinrich v. Soden, S.16.

Abt Thomas Niggl vom Kloster Weltenburg bei Kelheim an der Donau, ein Mann von benediktinischer Heiterkeit und gewinnender Leutseligkeit, ein prominentes und glaubensstarkes Mitglied des Engelwerkes, ist überzeugt von der grundsätzlichen Treue des Werkes zu Rom und bedauert gelegentliches menschliches Versagen in den eigenen Reihen. Wo die Kirche, und insbesondere das Engelwerk, pflichtgemäß auf Macht der Hölle, Bedrohung durch das Böse und Schutz durch Exorzismus hinweisen, könne nicht Psychoterror und Angstmache vorgeworfen werden. Die Schweigeverpflichtung der Mitglieder sei eine für jede Gemeinschaft unerläßliche Diskretion, besage aber keine Verheimlichung gegenüber Rom und kirchlichen Vorgesetzten. In der »Engelweihe« sieht Thomas Niggl eine verstärkte Bindung an Gott, und vergleicht sie mit der kirchenüblichen Weihe an das Herz Jesu und an das Herz Mariens. Im Engelwerk vollziehe sich der bewußte Anschluß an das Wirken der Engel in der Kirche und im ganzen Kosmos, Teilnahme am Kampf für den sicheren Endsieg des Guten über das Böse. Mißbrauch der Schöpfung durch die Dämonen und Teufelsbesessenheit sei kirchliche Lehre, Exorzismus sei kirchliche Praxis von Anfang an, die Frage nach den Namen der Dämonen im Rituale Romanum geboten. Bekenntnis und Überzeugung des Benediktinerabtes:

»*Der oberste Grundsatz des Engelwerkes – und deshalb halte ich ihm dieTreue – ist der Gehorsam gegen den Heiligen Vater und das kirchliche Lehramt.* Seine Hoffnung: *Ich erwarte für die Kirche durch das Engelwerk eine große Hilfe und deshalb einen schützenden Bescheid.*« MKKZ 23.9.1990.

Thomas Niggls Ordensmitbruder Viktor Dammertz, seit 1993 Bischof von Augsburg, geht im Februar 1994 mit seinen oberhirtlichen Sorgen an die Öffentlichkeit: Er spricht von ultrakonservativen Kräften, welche die Einheit der Diözese gefährden, unter ihnen das Engelwerk und die Katholische Pfadfinderschaft Europas. Christ in der Gegenwart, 9/94.

Der Teufel dreht den Strick

Das römische Engelwerks-Dekret von 1992 ist zwar formell kein schützender Bescheid, wie ihn Thomas Niggl sich erwartet hatte, aber zumindest ein effektiv nicht-schädigendes Dokument. Schaden erleidet das Werk nicht, aber es fügt ihn zu. Seit 1990 existiert die »*Initiative Engelwerks-geschädigter Familien*«, mittlerweile an die 30, die sich registriert haben. Das Werk der heiligen Engel hat Spuren hinterlassen, für die wahrlich nicht gilt, was der Psalmist singt: *Gerechtigkeit geht vor ihm her, und Heil folgt der Spur seiner Schritte* (Ps 85,14). Den Schritten des Engelwerkes folgt Unheil: Zerbrochene Ehen, zerissene Familien, unheilbar Psychokranke, Selbstmorde.

Schwache Naturen sehen den Teufel, der in den Exerzitienvorträgen und Beichtgesprächen an die Wand gemalt wird, dann wirklich und leibhaftig und immer vor sich und verzweifeln in ihrer Angst wie der Verräter Judas, von dem gesagt wird: *Da fuhr der Satan in ihn* (Jo 13,27) – und weiter: *Dann ging er weg und erhängte sich* (Mt 27,5). Von der 75jährigen Frau bis zum 35jährigen Familienvater haben sie zum Strick gegriffen, weil sie die Teufel nicht mehr los wurden, die der Engelwerksprediger in ihnen wachgerufen hatte. Ein Familienvater von 5 Kindern muß erleben, wie seine Frau sich von den Engelwerksexerzitien nicht mehr erholt, im religiösen Wahn versinkt, ihre häuslichen Pflichten liegen läßt und schließlich aus ihrer Ehe weggeht, um nur noch zu beten und zu sühnen. Zur kriminell bedenkenlosen Teufelspredigt kommt die massive, würdelose Erbschleicherei, mit der vornehmlich ältere Exerzitienteilnehmer überrumpelt und überwältigt werden. Niemand sieht hier rot. Die staatlichen Rechtsschützer sehen nur Religionsfreiheit, die kirchlichen Glaubenswächter anscheinend nur Rechtgläubigkeit. Weltlicher und geistlicher Arm rühren sich nicht.

Ohne Heimatstern und Geschlecht

Der Engel, das unbekannte Wesen

In der christlichen Engellehre gelten Engel als Erstgeschaffene Gottes, als Ureinwohner der Schöpfung. Manche deuten die Engel als personifizierte Kräfte Gottes. Andere sehen in den Engeln Erscheinungsformen Gottes, die den unterschiedlichen Aufnahmefähigkeiten der menschlichen Seelen angepaßt sind. Dunkel bleibt der öfter erwähnte »Engel Jahwes«/«Engel Gottes« im Aten Testament. In der modernen Psychologie werden Engel auch als Spaltprodukte aus dem Zerfall menschlichen Bewußtseins gesehen, die vor dem erlebenden Ich wie selbständige Wesen auftreten. Auch mit den Archetypen der Tiefenpsychologie werden sie in Verbindung gebracht. Der persönliche Schutzengel gilt als seelischer Doppelgänger eines Menschen (Apg 12,15), als individuelles Totem (alter ego), als Vermittler von Lebenskraft, in höheren Kulturen auch als Gottheit.

In religiöser Sicht stehen die Engel zwischen Gottheit und Menschen. Mal mehr innendienstlich der Gottheit zugeordnet und im Himmel wohnend, mal mehr außendienstlich freischaffend dem Menschen zugetan und auf der Erde hausend. In der christlich-theologischen Spekulation gibt es sogar parteilose, staatenlose Engel; sie mochten beim kosmischen Engelkampf (Off 12,7-9) auf keiner Seite mitmachen und irren nun zwischen Himmel und Hölle auf der Erde umher als gebundene Geistwesen, wie sie in Märchen und Sagen den Menschen begegnen. Mittelwesen zwischen Gottheit und Mensch, nicht als christlich definierte Engel, finden sich in den Naturreligionen primitiver Völker und in den Himmeln der Hochreligionen, im Schamanentum rund um die Erde, im Glauben der alten Ägypter, in den Mythen der Griechen und Etrusker, in den alten Religionen vom Vorderen Orient bis zum fernöstlichen Japan, im Hinduismus und im Buddhismus. Gesicherte Existenz, unkündbares Daheim haben die Engel in den heiligen Schriften des Judentums, Christentums und Islams und im religiösen Leben der Anhänger dieser Religionen.

Dienstpersonal und wahre Diener Gottes

Im Dienste des Willens Gottes erfüllen die Engel Daueraufgaben und Sonderaufträge als Repräsentanten göttlicher Herrlichkeit, als Akteure in himmlischer Hofhaltung und kosmischer Liturgie, als Schutzgeister für Einzelmenschen, Lokalkirchen, Völker, Reiche und Länder, als Wächter vor dem verlorenen und verschlossenen Paradies, als Vollstrecker des göttlichen Willens, und dies auch in Eigenschaft als Würgengel und Todesengel, als Weltuntergangsgehilfen, die kosmische Katastrophen auslösen, und als Gerichtsdiener, die alle zum Endgericht Geladenen herbeischaffen. Immer und überall als Überbringer göttlicher Nachrichten an die Menschen.

Von ihrer Dienstfunktion als Nachrichtenüberbringer haben diese Wesen auch ihren Namen bekommen. Schon im Hebräischen: mal´ak = Bote, übersetzt ins Griechische: angelos = Bote, dann ins Lateinische: angelus = Bote; aus dem lateinischen angelus ist der deutsche Engel geworden. Die Bezeichnung wurde auch zum Eigennamen für Menschen in Formen wie: Engel, Engelbert, Engelbrecht, Engelmar, Engelhard, Angela, Angelika, Angelina, Engeltrude.

El Greco: Maria Verkündigung

Während die Erschaffung der Welt und des Menschen in der Bibel breit geschildert wird, fällt kein Wort über die Erschaffung der Engel. Wie selbstverständlich sind sie da. Allerdings nicht als Statisten oder heraldische Figuren, sondern sofort als Macher, die durch die erfolgreich organisierte Sündenfallkatastrophe das Schicksal des ersten Menschenpaares und damit des gesamten Menschengeschlechtes vom ursprünglich vorgesehenen Kurs abbringen. Der erste Engelauftritt, bereits im dritten Kapitel des ersten Buches der Bibel geschildert, wird ausschließlich von einem gefallenen, einem bösen Engel, einem Engel der Finsternis (2Petr 2,4; Jud 6) bestritten, und spielt im Paradies, wo das erste Menschenpaar noch ohne Wissen um Gut und Bös, in der Seligkeit des taufrischen Schöpfungsmorgens lebt. Der bibelunkundige Leser kann in der sprechenden Schlange [»listiger als alle Tiere des Feldes« (Gen 3,1)] nicht einen ehemaligen Engel vermuten.

Im ersten und im letzten Buch der Bibel

In die Personalakte der im ersten Buch des Alten Testamentes erwähnten »Schlange« wird erst im letzten Buch des Neuen Testamentes, in der Geheimen Offenbarung (Apokalypse) so richtig Einsicht gewährt, wo der Engelsturz geschildert wird:

»Und es entstand ein Kampf im Himmel. Michael und seine Engel erhoben sich, um Krieg zu führen mit dem Drachen, und der Drache kämpfte und seine Engel. Aber er vermochte nichts, und es wurde im Himmel kein Ort mehr für sie gefunden. Und gestürzt wurde der große Drache, die alte Schlange, die der Teufel heißt und der Satan, der die ganze Welt verführt, gestürzt wurde er auf die Erde, und seine Engel wurden mit ihm gestürzt.« (Off 12,7-9)

Mit Blick in die Bilderwelt der Bibel und aus heutiger astronomischer Sicht unverständlich, warum im Abermilliardenheer der Sterne ausgerechnet der Menschenplanet Erde als Internierungslager für jenen Himmelsdrachen mit Anhang herhalten mußte, der zum Aufruhr im Paradies des Kosmos angetreten und von Michael und seinen Engeln zum Kampf gestellt und besiegt worden war. Gleichsam unter den Augen Gottes und wie ein Kindsverderber verführt die alte Schlange, der Ex-Engel, der Teufel heißt, die ersten Menschen im Erdenparadies zum Griff nach der verbotenen Frucht. Gott verfügt die Vertreibung der Menschenkinder aus dem Paradies und läßt den menschenleeren Wonnegarten Eden und den Baum des Lebens von Cherub-Engeln mit zuckenden Flammenschwertern bewachen (Gen 3,24). Vielleicht hätte es diese Wachengel nie gebraucht, wenn vorher Schutzengel zum Einsatz gekommen wären.

Engel mischen von Anfang an mit

Die Existenz der Engel, der guten und der bösen, als Mittelwesen zwischen Gott und Menschen ist in der Welt der Bibel so selbstverständlich wie die Existenz Gottes und der Menschen selbst. Allerdings wird auch schon in biblischen Zeiten innerhalb des Judentums von der polit-ideologischen Priesterpartei der Sadduzäer die Existenz der Engel geleugnet (Apg 23,8). Über das Eingreifen der Engel in das Schicksal einzelner Menschen und des Menschengeschlechtes wird berichtet vom ersten bis zum letzten Buch der Bibel, vom Buch Genesis bis zum Buch der Apokalypse. Aktiv am Menschheitsmorgen und aktiv durch die ganze Geschichte des auserwählten Volkes des Alten Bundes. Aktiv auch in der Erlösungsgeschichte des Gottesvolkes im Neuen Bund. Und dies im Leben Jesu, wo Engel mehrfach im Umfeld seiner Geburt auftreten, ihn nach seinem vierzigtägigen Fasten in der Wüste betreuen, ihn in seiner letzten Erdennacht am Ölberg seelisch stärken. Dies auch im Leben der Urkirche, wo Engel den Jüngerinnen Jesu seine Auferstehung von den Toten verkünden (Mk 16/ Mt 28/ Lk 24/ Jo 20), und wo ein Engel die eingekerkerten Apostel und später den Petrus handgreiflich aus dem Kerker befreit (Apg 5,18-21; 12,7-10).

Meinen Namen sag ich nicht

Engel, die bösen anscheinend mehr als die guten, mögen das Inkognito bei ihrem Umgang mit den Menschen. Als sprechende Schlange stellt sich der Teufel im Paradies den Stammeltern vor. Als Engel des Lichtes gibt sich der Satan vor den Christgläubigen aus, wie der Apostel Paulus an die Gemeinde in Korinth schreibt (2Kor 11,14). Auch der gute Engel Raphael *(Gott heilt)* verbirgt anfangs seine Identität und macht dem alten Tobit gegenüber sogar expressis verbis völlig falsche Angaben über seine Person (Tob 5,5.11-12). Raphael ist seit eh und je Schutzengel der Reisenden; muß sich dieses Patronat aber mit dem heiligen Christophorus teilen, anscheinend dahingehend, daß der heilige Menschenbruder mehr für Sicherheit bei Landreisen, insbesondere bei Autofahrten und im Straßenverkehr sorgt – wobei sich allerdings seine Plakette auf dem Armaturenbrett zuweilen das gläubig-abergläubische Vertrauen des Wagenbesitzers mit dem Hufeisen auf dem Kühlergrill teilen muß – während Raphael mehr bei Überseereisen auf Sicherheit und Wohlergehen schaut; ersichtlich aus dem Sankt-Raphaels-Verein, gegründet im Jahre 1871 zur Schutzbetreuung katholischer deutscher Auswanderer, und 1878 sogar durch Papst Leo XIII. anerkannt.

Im Hinblick auf ihr Zahl werden in den heiligen Büchern der Bibel Kontingente himmlischer Heerscharen von »zehntausendmal Zehntausende« und »zwanzigtausendmal Zehntausend« angegeben (Dan 7,10; Off 9,16) – mit Namen dagegen in all den 73 Büchern des Alten und Neuen Testamentes nur drei: Michael, Gabriel, Raphael. Michael wird dreimal mit Namen erwähnt (Dan 10,13; Jud 9; Off 12,7). Auch Gabriel wird dreimal namentlich genannt (Dan 8,16; 9,21; Lk 1,26), einmal stellt er sich selber vor: »Ich bin Gabriel, der vor Gott steht« – sagt er dem diensttuenden Priester Zacharias im Tempel zu Jerusalem und künftigem Vater Johannes des Täufers (Lk 1,19). Der Name Raphael wird in der Tobias-Geschichte achtmal erwähnt. Der Namensträger selber will sich anfangs dem alten Tobit überhaupt nicht vorstellen, aber gedrängt, gibt er dann einen falschen Namen an: *»Ich bin Asarja, der Sohn des großen Hananja, einer von den Brüdern deines Stammes.«* (Tob 5,12-13). Am Schluß der Geschichte bekennt er aber seine Identität: *»Ich bin Raphael, einer von den sieben heiligen Engeln, die das Gebet der Heiligen emportragen und mit ihm vor die Majestät des heiligen Gottes treten.«* (Tob 12,15)

Für gewöhnlich verraten Geistwesen ihren Namen nicht; das hieße die eigene Wesensformel, die Verfügungsgewalt über sich selber preisgeben. So hat der vom Patriarchen Jakob im nächtlichen Ringkampf besiegte (Gott vertretende) Engel seinem siegreichen menschlichen Kampfpartner wohl die Segensforderung erfüllt, aber nicht die Forderung nach Nennung seines Namens: »*Was fragst du mich nach meinem Namen?*« (Gen 32, 25-30) Das Buch der Richter erzählt von einem Mann namens Manoach, der eine Engelserscheinung hatte und den Namen seines himmlischen Besuchers wissen wollte, wogegen der Engel Jahwes nur konterte: »*Warum fragst du mich nach meinem Namen? Er ist geheimnisvoll*«. (Ri 13,17-18)

Flügel – Markenzeichen, kein Zwang

Als Wesen der Lüfte und der Himmelssphären haben die Engel Flügel – in unserer Vorstellung, in den heiligen Schriften und in der darstellenden Kunst der uns bekannten Zeiten und Kulturen. Die Flügel der Engel signalisieren Freiheit von Erdenschwere, von Gebundenheit an Raum und Zeit; Zugehörigkeit zu anderen, außerirdischen, jenseitigen Welten; grenzenlose Schnelligkeit im Verkehr von Ort zu Ort, zwischen Gottheit, Geisterwelt und Menschenwelt; Garantie für rechtzeitige Hilfe, wirksamen Schutz und Geborgenheit – gleichsam wie unter Fittichen. Form, Farbe, Zahl, Anordnung und Stellung der Flügel variieren unvorstellbar. Die Flügel der Engel sind so etwas wie Fingerabdruck, Artgeruch, Personalausweis, Rangabzeichen, Qualitätsmarke – unserem Einmaleins-Wissen wenig geläufig. Von majestätischen Schwingen, das Haupt überragend und am Körper hängend wie eine festlich wallende Tunika bis zu den Putten-Stummelflügeln, die an Hausspatzen denken lassen; Flügel wie lodernde Flammen, kreisende Sturmwirbel und funkelndes Sonnenrad bis zu den häßlichen Fledermaus-Flughäuten der gestürzten Engel; widerliche Schuppen- und Stachelflügel höllischer Geister und glänzende Pfauenfeder-Schwingen der Paradiesesengel; Flügel wie steife Tragflächen und Federkleidkombinationen, die an Drachenflieger erinnern.

In der christlichen Engeldarstellung bekommen diese Himmelsboten seit dem 4. Jh. neben dem Nimbus auch eine Flügelausrüstung, die sie im weiteren Verlauf der kirchlichen Kunstgeschichte nicht immer und ausnahmslos tragen. In gegenwärtigen Darstellungen erscheinen sie eher häufiger ohne Flügel zum Dienst.

Der Buchtitel von Claus Westermann »Gottes Engel brauchen keine Flügel« steht zweifellos zu recht. Diese himmlischen Wesen sind weder privat noch dienstlich auf Flügel und Schwingen verpflichtet. Für ihren Schutz- und Nachrichtendienst brauchen sie letztlich weder Federflügel noch Kraftfeldschwingen. Auch in der Bibel gibt es keinen Flügelzwang für die »Gottessöhne«, (Ijob 1,6), ob sie nun mehr in Zivil oder in Kampfausrüstung, irdisch unscheinbar oder himmlisch umwerfend auftreten (Ijob 1,6; 2,1; Dan 3,49. .92[25]; 2Makk 3,24-26. .33; 10,20-30; 11,6-8).

Flügel würden übrigens jegliches Inkognito unmöglich machen, das diese Himmelsgeister im Verkehr mit Erdenkindern zuweilen vorziehen. In der Bibel erscheinen die Engel vornehmlich in Jenseits- und Endzeitvisionen mit Flügeln. Nicht nur mit zwei Flügeln, nach Vogelart, sondern auch mit vier, nach Libellenart (Ez 1,6) und sogar mit sechs, anscheinend nur nach Engelart (Jes 6,2; Off 4,8). Der Dichter der Heliand-Bibel aus dem Sachsenland des 9. Jh. läßt die Engel im lokal-mythologischen Federgewand fliegen. Und auf nordischen Denkmälern werden die flügelbewehrten Himmelsgeister auch mit Vogel- und Katzenköpfen dargestellt. Immerhin noch ein bescheidenes Aussehen im Vergleich zu den Engeln in der Vision des Propheten Ezechiel, von denen jeder mit vier Flügeln und vier Gesichtern (Mensch, Adler, Stier, Löwe, oder der Variante: Cherub, Mensch, Löwe, Adler) ausgestattet ist (Ez 1,6-10; 10,14). Ganz zu schweigen von den vier Engel-«Wesen«, die der Seher Johannes in der Geheimen Offenbarung schaut: Jedes Wesen »*ganz voller Augen vorne und hinten*«, jedes mit sechs Flügeln, und die einzelnen Wesen gleichen je einem Löwen, einem Stier, einem Menschen und einem fliegenden Adler (Off 4,6-8).

Musikalisch, modisch, mädchenhaft, männlich

In der christlichen Kunst haben die Engel von Anfang an ihren Platz wie im Leben Christi selbst, wo der Engel Gabriel die Geburt Christi ankündigt. Die früheste erhaltene Engeldarstellung ist bedeutsamerweise die Verkündigungsszene, in der Priscilla-Katakombe aus dem Anfang des 2. Jh. Als Kleidung tragen die Engel Tunika und Pallium. Biblische Szenen sind

die erste und gängige ikonographische Bühne für Engelauftritte. Später agieren diese Himmelsgeister auch in Vorstellungsbildern mittelalterlicher Frömmigkeit – schwingen Rauchfässer, tragen Kerzenleuchter, fangen in Kelchen das Blut des Gekreuzigten auf, bringen die Seelen Verstorbener ins Jenseits, kämpfen mit bösen Geistern, bekunden Schmerz angesichts des Leidens Christi. Im 12. Jh. erscheinen Kinderengel. Von lieblicher Schönheit sind die Mädchenengel eines Fra Angelico (+1455) oder Botticeli (+1510). Seit dem 13. Jh. machen Engel auch Musik, nicht ganz ohne Grund: Im himmlischen Thronsaal des Lammes scheinen neben den 24 Ältesten auch die vier Engel-«Lebewesen» mit Harfen ausgerüstet zu sein (Off 5,8). Schließlich ändern die Engel im Spätmittelalter auch ihre Mode und geben sich in kirchenliturgischer Kleidung wie Diakone und Priester. Im 15./16. Jh. schlüpfen sie sogar in ein Federkleid (Riemenschneider), wie es ihre Artgenossen schon ein halbes Jahrtausend vorher im »Heliand« trugen. Für harte Einsätze sind sie nicht in Anmut und Lieblichkeit gekleidet, sondern treten als harte Männer auf – ohne Strahlenschein und Flügel (Michelangelo/ Weltgericht).

Im Barock verlieren sie keineswegs ihren künstlerischen Wert, aber weitgehend ihre himmlische Hoheit, werden dekorativ und dicklich, zeigen süßlich verzückte Gesichter, stürmisch bewegte Gliedmaßen und strotzendes Fleisch, wälzen sich auf himmlischen Wolkenbetten wie auf einem weltlichen Pfühl. Im 19. Jh. gewinnen sie Ernst und Würde zurück. Auch wo sie im langen, wallenden Dirndl mit bloßen Armen und freiem Hals augenfällig bei »Weiblich« angekreuzt haben, geben sie sich züchtig und freundlich besorgt wie ein Hausmütterchen. In der 2. Hälfte des 20. Jh. haben sie keine herkömmliche und schon gar keine uniformierte Ausstattung mehr, bieten Symbolisches in Kleidung und Pose, geben sich wie postmoderne Aussteiger und beweisen zugleich eine sozialdienstliche Lebensnähe, wie dies aus fernen biblischen Zeiten, in der Geschichte vom alten Tobit und dem jungen Tobias erzählt wird.

Eroten, Apsarasen und Putten

Nackt bis auf die Flügel, der biblischen Engelrasse nicht in direkter Linie angehörend, geben sich engelähnliche Gestalten im abendländischen Hellas der Antike wie auch in der mythologischen Welt Indiens. Während die Eroten-Engel aus dem Lande des Olymp in klassischer männlicher Nacktheit auftreten, räkeln sich die Apsarasen-Engel südlich des Himalaya in weiblicher Hüllenlosigkeit. Diese reine Nacktheit, durch kein Feigenblatt vermindert, ist in der christlichen Engelwelt weder Regel noch Ausnahme. Nur die Putten-Engel (Amoretten, Genien), Himmelsgeister in Kleinkindausgabe, Renaissance-Nachgeborene in der abendländisch-christlichen

Ave Domina angelorum (nach dem Gemälde von Anna Maria v. Der)

Engelsfamilie, dürfen windelfrei strampeln. Ihre vielfach auf einen Lockenkopf mit zwei Stummelflügeln reduzierte Leiblichkeit mag als Hinweis auf die arteigene Leiblosigkeit der Engel gesehen werden. Wo die Putten-Engel ganzkörperlich in Erscheinung treten, zeigen sie durchwegs frühkindliche Fettsucht und sind männlichen Geschlechts. Dies und ihre Kleinkindlichkeit jenseits von Gut und Bös lassen ihre windelfreie und feigenblattlose Darstellung ohne Erregung und Ärgernis zu. Ihre Herkunft wird sowohl von den antiken Eroten als auch von den mittelalterlichen Kinderengeln abgeleitet, die dem Jesuskind als Gespielen beigemalt sind. Ihre Putzigkeit, Verspieltheit und Ausstaffierung lassen an Katzen und Schoßhündchen in privilegierter Sorglosigkeit denken. Jedenfalls gerieten diese unbekleideten, lebhaften und ausgelassenen Putten im christlichen Barock-Himmel der Heiligen und Engel so sehr zu Kindern des Hauses, daß sie in der Volksfrömmigkeit eher als zu Engelein gewordene Seelen verstorbener Kleinkinder gesehen wurden.

Als reine Geister können Engel kein Geschlecht vorzeigen und können in ihrer geschlechtslosen Geistesnacktheit auch nicht die menschliche Sinnen- und Vorstellungswelt betreten. Irgendwas Geschlechtliches müssen sie sich da schon überwerfen lassen. Während sich außerbiblische Engel eher unbefangen in primärgeschlechtliche Nacktheit hüllen, erscheinen die christlichen Engel eher in ausschließlicher Sekundärgeschlechtlichkeit; und da reicht die Galerie ihrer Gesichter vom Mann bis zum Kind, vom Jüngling bis zum Mädchen, vom Kastraten bis zum Transvestiten.

Sie tragen dich auf ihren Händen

Leibwächter von Gott verpflichtet

Stark, menschennah und zu Herzen gehend ist die Tätigkeit des Schutzengels als eines persönlichen und ständigen Begleiters. Die Bibel des Alten Testamentes kennt noch nicht den ständigen persönlichen Schutzengel, berichtet aber wiederholt, wie Engel Menschen betreuen, beschützen, sie aus Gefahr und Todesnot retten.

Der Engel Gottes rettet Hagar, die verstoßene Magd Abrahams und ihren kleinen Sohn Ismael vom Dursttod in der Wüste (Gen 21,17-19). Der Engel des Herrn rettet Isaak vor dem Opfermesser seines Vaters Abraham (Gen 22,11). Zur Brautsuche für seinen Sohn Isaak wird dem Abraham von Gott Engelshilfe zugesagt (Gen 24,7.40). Der Engel Gottes führt das Volk Israel beim Durchzug durch das Rote Meer (Ex 14,19). Gott verspricht dem Volk Israel einen Engel als Begleiter und Beschützer auf dem Weg ins gelobte Land (Ex 23,20.23). Als Brautwerber, Eheberater und Ratgeber gegen den Todesdämon hilft dem jungen Tobias der ihm namentlich noch unbekannte Begleitengel Raphael und rettet ihm später durch Zuruf das Leben, als er beim Baden im Fluß von einem riesigen Raubfisch angefallen wird, und schlußendlich empfiehlt er dem Tobias eine Medizin, womit der alte Vater Tobit von seiner Blindheit geheilt wird (Tob 6,1-3; 10-18; 11,7-13). Von zwei Reiterengeln auf goldgesäumten Pferden wird Judas der Makkabäer in offener Feldschlacht in die Mitte genommen und vor jeder Verwundung geschützt (2Makk 10,29-30). Durch den »Engel des Herrn« bleiben die drei Jünglinge im Feuerofen von den Flammen verschont (Dan 3,49-50). Einen von Engeln geleisteten Universalschutz verkündet der Psalmist für alle Gottbefohlenen: »*Er befiehlt seinen Engeln, dich zu behüten auf allen deinen Wegen. Sie tragen dich auf ihren Händen, damit dein Fuß nicht an einen Stein stößt*« (Ps 91,11-12).

Ein persönlicher Dauerschutzengel findet sich seit der jüdischen Hasmonäer-Dynastie, seit rund 150 v.Chr., im außerbiblischen religiösen Schrifttum der Juden. Nach einer Meinung steht jedem Menschen sogar ein guter und ein böser Engel zur Seite – das Erleben des eigenen Triebes zum Guten und zum Bösen mag hier die Vorstellung von einem guten und bösen Begleitengel mitgeprägt habe; nach einer anderen Vorstellung nur ein guter Engel. Möglicherweise spielen hier hier auch altbabylonische und iranische Vorstellungen von Schutzgöttern- und Schutzgeistern mit. Schutzgeister für Menschen gibt es auch in nichtchristlichen Religionen: Dämonen oder Gottheiten, die ihren menschlichen Schützlingen im Alltag und in entscheidenden Lebenssituationen beistehen, als Mittler zum höchsten Wesen oder zu Hochgöttern fungieren, das Menschenkind auch gegen Willkür feindlicher Götter und Dämonen verteidigen.

Die Engel der Kinder

In der Bibel des Neuen Testamentes werden die Engel wie im Alten Testament als Helfer erlebt:

Ein Engel des Herrn befreit nachts die eingekerkerten Apostel aus dem Gefängnis und schickt sie zum öffentlichen Auftritt in den Tempel (Apg 5,19-20). Der Apostel Petrus wird von einem »*Engel des Herrn*« nachts aus der Todeszelle befreit (Apg 12,1-10).

Eine bemerkenswerte Einstufung als Dienstpersonal erhalten die Engel im Hebräerbrief: »*Sind sie nicht alle nur dienende Geister, ausgesandt, um denen zu helfen, die das Heil erben sollen?*« (Hebr 1,14)

Zusätzlich kommt auch eine eigentümlich persönliche Dauerbeziehung zwischen Engel und Mensch zur Sprache – vielfach gesehen als Hinweis auf den persönlicher Schutzengel:

Christus nimmt Kinder vor dem Unwillen seiner Jünger in Schutz mit der Bemerkung: »*Ihre Engel im Himmel schauen immerdar das Angesicht meines himmlischen Vaters*« (Mt 18,10).

Der von einem Engel des Herrn aus der Todeszelle befreite Petrus klopft bei einer befreundeten Familie an und die Hausbewohner meinen auf den ersten Blick: »*Es ist sein Engel*« (Apg 12,15) – nach einem volkstümlichen Glauben ist der Schutzengel eines Menschen seine eigene Seele, sein Doppelgänger, sein alter ego.

In den ersten christlichen Jahrhunderten ist der kirchliche Engelglaube durchsetzt mit Vorstellungen aus jüdischem und heidnischem Volksglauben, entsprechend auch der Schutzengelglaube. Feinstofflicher Leib wird damals von vielen Theologen den Engeln zugestanden, um die reine Geistigkeit Gottes hervorzuheben; sogar Begehen von kleinen Dienst-Fahrlässigkeiten bis zu leichten Sünden werden zumindest einem Teil der himmlischen Schutzgeister zugebilligt.

Aus Mannschaftsengeln rekrutiert

Nach kirchlicher Schutzengellehre hat jeder Getaufte – nach einer großherzigen Lehrmeinung: sogar jeder Mensch – seinen persönlichen Schutzengel. Die Lehre von den Schutzengeln ist nicht als Dogma definiert, im Gegensatz zur Erschaffung der Engel durch Gott, auf dem 4. Laterankonzil 1215 feierlich als Glaubenssatz verkündet. Nach altkirchlicher Überlieferung werden 9 Engelchöre gezählt, gegliedert in 3 Hierarchien – von unten nach oben: Engel, Erzengel und Fürstentümer; Mächte, Kräfte und Herrschaften; Throne, Cherubim und Seraphim. Die Namen dieser Engelchöre muß man sich aus 6 Büchern der Bibel zusammensuchen: Genesis 3,24/ Jesaja 6,2/ Epheser 1,21/ Kolosser 1,16/ Römer 8,38/ 1Thessalonicher 4,16. Die für den gesamtmenschlichen irdischen Personenschutz benötigten himmlischen Heerscharen rekrutieren sich nach gängiger Meinung aus dem Chor der gemeinen Engel.

Die öffentliche Verehrung des persönlichen Schutzengels ist seit dem 9. Jh. belegt. Ein eigenes Schutzengelfest entstand zuerst, im Lande des Santiago de Compostela, nicht im Lande des »Teutschen Michel«; wurde dort im 15. Jh. und anfangs nur ortskirchlich gefeiert; die Feier dann 1608 von Papst Paul V. allgemein erlaubt, 1667 von Papst Clemens IX. auf den ersten Sonntag im September festgelegt, 1670 von Papst Clemens X. für die Gesamtkirche angeordnet. Heute wird in der kirchlichen Liturgie am 2. Oktober der Schutzengelheere mit Gedenktag gedacht, während die drei biblischen Namensengel – Michael, Gabriel und Raphael – am 29. September mit Festtag geehrt werden.

Schutzengeldarstellungen tauchen im 16. Jh. auf und erreichen in den ersten Jahrzehnten unseres Jahrhunderts in der Haus- und Familienfrömmigkeit des Volkes als Figuren und Druckbilder eine unvorstellbare Mannigfaltigkeit und Beliebtheit. Als besonders schutzbedürftig gelten Kinder.

Der trauernde Schutzengel.

Auto auf der Straße und Sünde auf dem Obstteller

Der Kinderschutzengel, mit seiner Flügelbewehrtheit und aus seinem himmlischen Hintergrund heraus, wirkt schirmend und rettend hinein in die letzten Winkel des Kinderalltags mit all seinen Gefahren. Aus der Zeit des beginnenden und noch spärlichen Autoverkehrs vor dem 1. Weltkrieg ist bereits auf Postkarten der Schutzengel zu beobachten, wie er spielende Kinder vor einem aufkreuzenden Automobil rettet. Ein derartiger Engeldienst ist heute nicht mehr gefragt und in der Öffentlichkeit nicht vorzeigbar, trotz der Verkehrsdichte, der gestiegenen Gefährdung und der zahlreichen kindlichen Verkehrsopfer. Himmlische Hintergründigkeit steckt in einer anderen Postkarte, auf der am Wasser spielende Kinder von einem Wasserzeichen-Schutzengel behütet werden, auf dessen Verbleib ein trockener Reim hinweist – in Englisch:

Their Guardian Angel would you find,
Look through the card the light behind –

Schau gegen Licht die Karte an,
Schutzengel kommt zum Vorschein dann.

Regelrecht zum Mißbrauch seines Schützeramtes und zur seelischen Kindsmißhandlung wird der Schutzengel vom

Maler eines Andachtsbildchens gezwungen, wo er zwei Geschwisterchen in einer trauten Wohnstube von einer Schale Obst fernhalten muß, als ob es um die Todesfrucht am Paradiesesbaum ginge. Zu dieser Szene wie ein moralischer Vorschlaghammer der Bastard-Vers: *O, flieh dem Reiz der Sinne! Folg nicht der bösen Lust! – (s. auch Abb. 135)*

In ökumenisch gleichgerichteter, wenn auch getrennter Schutzengelverehrung geleitet der himmlische Beschützer auf katholischen Erstkommunionbildchen das Kind zu Christus und zur eucharistischen Seelenspeise – und tritt auf evangelischen Postkarten dem jungen Menschen anläßlich der Konfirmation als Lebensführer zur Seite.

Schutzbegleiter des Menschen von der Geburt bis zum Tod – oder schon von der Empfängnis an? Auf Sterbebettdarstellungen lebt zuweilen der Glaube an die zwei jenseitigen Lebensbegleiter auf: der Führungs- und der Verführungsengel mühen sich um den Sterbenden, warten auf seine endgültige Entscheidung. Der Hauptamtliche für den Transport abgeschiedener Seelen zum Gericht vor dem Ewigen Richter ist zwar der heilige Michael, aber zuweilen scheint dies der jeweilige Schutzengel für das ihm anvertraute Menschenkind zu übernehmen, vor allem bei Kindern, ein fürsorglich zärtlicher, erschütterungsfreier Flugtransport zur jenseitigen Welt.

Schutzengel im Schützengraben

Wirklich nachdenklich und herzergreifend stimmt die breite Hinwendung zum Schutzengel in der Zeit des 1. Weltkrieges. Es braucht eine gewisse religiöse Erfahrung und Erlebnisfähigkeit, um aus angemessener Distanz und überhaupt die verbliebenen Zeugen und ihre Botschaft zu verstehen – dabei

geht es, lächerlich und banal genug, um Schutzengel–Devotionalien aus Papier und billigem Porzellan. Man sollte erst einmal ruhig und gründlich hinschauen, bevor man vielleicht ergrimmt und angewidert, belustigt oder überheblich wegschaut. Da der Schutzengel bei seinem Schützling sein muß, wie dieser bei seiner Einheit, wird er mit ihm zum Kriegsteilnehmer auch an vorderster Front. Allerdings geht er für seinen Schützling nicht handgreiflich ins Handgemenge wie dies in biblischen Zeiten zwei Nahkampf-Reiterengel für den gottgläubigen und gesetzestreuen Judas den Makkabäer getan haben (2Makk 10,29-30). Aber makaber genug: da kauert ein Soldat, Gewehr im Anschlag und in Erwartung des Feindes – sein Schutzengel auf Tuchfühlung daneben, hält Blumen in der Rechten und legt ihm die Linke beruhigend aufs Haupt, und darüber in einem zivil-friedlichen Schriftzug: *»Gott hat mich gesandt, Dir überall zu folgen«-*

In einer anderen Szene jagt ein Mädchenengel in Weiß und auf weißem Pferd, am linken Arm einen Schild, in der rechten Hand einen Friedens-Siegespalmzweig, im Verein mit dem ebenfalls voranstürmenden Knochenmann, über einen Haufen gefallener und fallender feindlicher Soldaten. Auch hier eine kalligraphische Aufmunterung: *»Vorwärts mit Gott!«* – Dann vorrückende Soldatenjünglinge mit aufgepflanztem Bajonett, flankiert von einem vollbusigen, nacktarmigen Engel, der in Gewichtheberposition mit beiden Händen einen Palmzweig über sein Haupt stemmt. – Vor einer übermächtigen weißen Engelgestalt, mit Flügeln wie die Tragflächen eines Großraumtransporters, in der Linken einen Palmzweig, in der Rechten einen Siegeskranz, knien zwei Soldaten, in Marschausrüstung und mit aufgepflanztem Bajonett, und holen sich gleichsam den Segen für die kommende Feindberührung; ob der Siegeskranz auf die Krone des himmlischen Lebens oder einen irdischen Schlachtensieg hinweist, bleibt unklar.

In allen kriegsbedingten Situationen ist der Schutzengel anzutreffen: bei stürmenden, sterbenden, gestorbenen Soldaten; am Soldatengrab, bei den Verwundeten im Lazarett, beim Einberufenen und Fronturlauber, der sich von seiner Allerliebsten verabschiedet. Zuweilen wird der Engel mit seinen Flügeln zu einer überragenden Schutzmantelfigur und der Soldat unter seinem Schutz wirkt wie ein Spielzeugsoldat.

Das Ewig-Weibliche

Obwohl von Haus aus rein geistig und geschlechtslos, zeigen die Soldatenschutzengel im Vergleich zu den übrigen Engelwesen unverkennbar Weiblichkeit. Für die Mannen an Front und in Etappe anregend und beruhigend zugleich. Gewiß geben sich die Engel auf den kleinen Sterbebildchen von Gefallenen, in Kleidung und Körperlichkeit noch herkömmlich – jung, flachbrüstig, in der Mitte zwischen jünglings- und mädchenhaft; sie kümmern sich durchwegs um Sterbende und um Seelen Gefallener. Die Engelwesen auf den Postkarten aber zeigen entschieden reife Körperlichkeit, voller Busen, Arme und Hals entblößt, teilweise auch gelöstes, wallendes Haar; sie stehen im Kampfgeschehen und kümmern sich um die Kämpfenden. Natürlich sind die Engel der Sterbebildchen für Gebetbuch, Kirche und ernste Besinnung; die Postkartenengel für das laute, gesellige, von Kriegspropaganda durchtönte Leben. Flügel, das augenfällige Markenzeichen für Engel, tragen sie beide.

Die Postkartenengel scheinen eine Rassenmischung aus Himmelsengeln und Walhall-Walküren zu sein – jene nordischen Amazonen, Kampfjungfrauen, die als höhere Wesen im Männerkampf auf Leben und Tod eingreifen, als »Totenwählerinnen« das Todeslos der Kämpfer bestimmen und die Gefallenen zur »Totenhalle« Walhall bringen. Auf einer Postkarte steht ein riesiger Walküren-Engel, heller Heiligenschein, Flügel wie dunkle Wetterwolken, hartes männliches Gesicht, direkt hinter einem Soldaten und schiebt ihn mit strotzender weiblicher Brust nach vorne in den Kampf. Wieweit hier Christliches und Nordisch-Germanisches unbewußt oder auch bewußt gemischt wurde, ist heute schwer auszumachen. Jedenfalls scheinen im Vergleich dazu jene himmlischen Dienstgeister, die mit ihrem Scheinleib nur als Dekorativaufbau für ein Weihwasserbecken dienen, wahrhaftig aus der Art geraten zu sein.

Keine sterbende Rasse

Abgesehen vom massiven Fehleinsatz der Frontsoldaten-Schutzengel mag man nachdenklich, wehmütig, traurig werden beim Betrachten der Sammlung von Figuren und Bilddrucken, die den häuslich-alltäglichen Schutzengelkult aus der Zeit vor zwei, drei Generationen dokumentieren. Jenseits von allem, was billig und kitschig ist, strahlt aus den Darstellungen eine Haus-, Wohn- und Lebensgemeinschaft zwischen Mensch und Engel, die von Wärme, Vertrautheit und Geborgenheit kündet. Wer dieses Miteinander von Mensch und Engel noch aus eigener religiöser Erfahrung kennt, wer erlebt hat, wie der Schutzengel gegenwärtig war im Morgen- und Abendgebet, im Tagesbewußtsein und in der Alltagserfahrung, der mag den Eindruck oder die drückende Empfindung haben, als ob mittlerweile die Engel doch zu den Vertriebenen und Vergessenen gehören und die Menschen sich selber zu Verarmten und Verlassenen gemacht haben.

Trotz allem – die Engel sind nicht weg, weder vertrieben noch gegangen; sie fliegen immer noch und gehen auch zu Fuß. Gewissermaßen sind sie mit der Zeit gegangen und sind heute auf Kinoleinwand und Fernsehschirm genauso zu sehen wie ihre fliegenden Geschwister aus der Vogelwelt auf Telegrafenleitungen und Fernsehantennen. Unter den vielen Titeln der deutsche Film »Der Himmel über Berlin« und die amerikanische Fernsehserie »Ein Engel auf Erden«. In letzterer hat Engel Jonathan als Mann von der Straße ein perfektes Inkognito und verhilft in einer Serie von Einsätzen inmitten des Allzumenschlichen und Unmenschlichen unter den Menschenkindern der Menschlichkeit zum Siege.

Eine Bedrohung für die Engelwelt – wie dies für die Tier- und Pflanzenwelt der Fall ist – kann der Mensch mit all seiner religiösen Gleichgültigkeit natürlich nicht sein. Der Lebensraum der Engel sind die Weiten des Kosmos und eine gesicherte eigenherrliche Existenz in der Ewigkeit Gottes. Was der Mensch als globaler Nestbeschmutzer an Verwüstung auf seinem Heimatplaneten, was er als moralisch-religiöser Vollkrüppel und Rückentwickler zum findigen Raubtier mit seiner

Bileam, sein Esel und sein himmlischer Beschatter.

eigenen Rasse mittlerweile alles anstellt, kann Welt und Lebensqualität der Engel nicht beeinträchtigen. Selbst wenn die schmelzende Sangesbitte des einsamen Wachsoldaten am Wolgastrand um Engelsgesellschaft aus dem Himmel einmal verstummen sollte, bleiben diese Tröster und Helfer abrufbereit zum Einsatz auf allen Straßen des Lebens.

Bileam, sein Esel und sein himmlischer Beschatter

Erbaulich und erfrischend ist die biblische Dreiecksgeschichte vom Seher Bileam, seinem Reitesel und einem Strafengel, der dem Bileam regelrecht auflauert. Für die religiöse Volkskunde eine welteinmalige Erzählung, in der Tierfabel und Gotteserscheinung sich verbinden. Seher Bileams geistiger Blick ist getrübt. Er sieht den Engel nicht, der ihn mit Gewalt aufhalten will. Der Esel, dieses biblisch hochrangige Tier, erkennt in geistiger Schau den drohenden Engel und weicht ihm wiederholt aus. Bileam erkennt nichts und schlägt auf den Esel ein., dessen Verhalten er nicht begreift. Als Zwischenlösung verleiht Gott dem Esel die Gabe der menschlichen Sprache. Bileam in seinem Ärger wundert sich nicht einmal über dieses Wunder und beschimpft den Esel mit Morddrohungen.. In seiner Einfalt glaubt der Esel natürlich, daß auch Bileam den Drohengel sehen kann, und begründet deshalb seine Ausweichmanöver nicht näher. Schließlich bekommt auch der Seher Bileam die Eselsgnade der geistigen Schau – und erkennt den Engel. Dieser rügt den Tierquäler: »Warum hast du deinen Esel dreimal geschlagen? – und läßt ihn zusätzlich wissen:: »Wäre der Esel mir nicht ausgewichen, dann hätte ich dich vielleicht schon umgebracht, ihn aber am Leben gelassen.« – (Num 22,22ff)
Bei dieser gemeinsamen Begegnung von Reittier und Reiter mit einem Engel hat das Eselstier die bessere Figur gemacht.. In seiner biblischen Landschaft, mit seiner engelsbezogenen Vergangenheit und als Reittier des Herrn beim Einzug in Jerusalem gehört der Esel zu den begnadeten und auserwählten Tieren. Dieses göttliche Reittier kann der Teufel nicht reiten. Es ist immun gegen alle dämonischen Einflüsse und kein dämonischer Bazillenträger für den Menschen – dies bestätigt ausdrücklich auch das Engelwerks-Handbuch. Handbuch S. 183.
Eine einmalige persönliche Engelvision, ja Engelmystik bekundet der finnischer Maler Hugo Simberg mit seinem Bild »Der verwundete Engel«. In einer schwermütigen, dunklen Landschaft wird von zwei dunkel gekleideten Bauernjungen ein offensichtlich verunglückter Engel in einer primitiven Stangentrage transportiert. Die weiße Himmelsgestalt hängt mit gebrochenem Flügel und verbundenem Kopf wie ohnmächtig in den Stangen. Was der Maler sagen will: Die eigene schwere Krankheit konnte er sich ursächlich nur durch den Un-

fall und die Arbeitsunfähigkeit seines Schutzengels erklären. Eine Verwachsenheit mit dem himmlischen Betreuer, die an siamesische Zwillinge denken läßt.
Der Glaube an die Engel geht nicht unter. Der Kampf um den »wahren« Engelglauben geht unter den Engelgläubigen weiter. Vorwürfe eines diesbezüglichen Irr- oder Aberglaubens werden weiterhin erhoben und weiterhin zurückgewiesen werden. Nicht bei der Erst-Erschaffung der Welt, wohl aber bei der Erhaltung und Regierung der Schöpfung sind nach kirchlicher Lehre die Engel im Einsatz. Ihr Wirken wird nicht gefiltert und georted in einer grobmaschigen physikwissenschaftlichen Welterklärung und genauso wenig in der grotesken Vision des Engelwerkes. In universal-kosmischer Solidarität, auf einer Wellenlänge, die wir nicht einsehen und abhorchen können, arbeiten sie mit an der Gestaltung der neuen Schöpfung.

Gebete aus Engelsmund

Zwei bedeutende Gebete der Christenheit, stammen aus Engelmund. Da ist der Anbetungsruf: »*Heilig! Heilig! Heilig!*« der im himmlischen Thronsaal von den vier sechflügeligen Wesen ruhelos bei Tag und Nacht ausgestoßen wird (Jes 6,3; Off 4,8) – und heute in der kirchlichen Meßfeier als »Sanctus« zum unveränderlichen Wortritual gehört. Da ist der »Englische Gruß«, das Grußwort des Engel Gabriel an Maria: »*Gegrüßest seist du, voll der Gnade, der Herr ist mit dir*« (Lk 1,28). Neben dem Gebet des Herrn, dem Vaterunser, ist dieser Gruß und Gebetsruf an die Mutter des Herrn, das »Ave Maria«, zum volkstümlichsten Gebet und zum beliebtesten Mariengebet geworden.

Georg Raiml

EINFÜHRUNG IN DAS SAMMELGEBIET

Volksfrömmigkeit als Sammelgebiet

Meister Zufall hat beim Sammeln in vielem seine Hände im Spiel. Wie im richtigen Leben. Manch eine bedeutende Sammlung oder Dokumentation ist so entstanden. »... und nichts zu suchen, das war mein Sinn« (aus Goethe, »Gefunden«). So schlenderte ein Autor dieses Verlages über die Maximilianstraße in München. Aus dem Rinnstein leuchtete etwas in der Sonne und da Buchautoren grundsätzlich neugierig sind, bückte er sich und hielt einen richtigen Orden in Händen. Niemals zuvor hatte er sich mit Inhalt und Aussehen von Orden beschäftigt, geschweige denn sich dafür interessiert. Das »Ding« war fein gearbeitet, fremd. Fortwerfen? Das ging nicht. Also nach Pfadfinderart hinein in die Manteltasche. – Heute ist er einer der bedeutensten Ordensfachmänner, einziger vereidigter Gutachter bei Gericht, jahrelanger Kurator des Deutschen Ordensmuseums, Autor zahlreicher Ordensbücher und -Kataloge. Sein Name: Jörg Nimmergut.

So schnell kann es gehen. Etwas an dieser Geschichte ist typisch und mit vielen anderen Sammlern gemein: Begegnung mit Fremdem, Neugierde, mehr zu erfahren, und ehe man sich versieht, ist man ein Sammler. Jeder, der seine freie Zeit bei Antiquitätenhändlern, Sammlermärkten, Kunstbörsen und Auktionen verbringt, wird dieses Phänomen bestätigen. Die Aufmerksamkeit auf ein spezielles Gebiet wird durch einen Zeitungsartikel oder ein Gespräch gelenkt. Sagen wir »Spieluhren in Kruzifixen«. Zuvor hätte unser Freund Wetten abgeschlossen, derartige sakrale Dinge niemals auf Antiquitätenmärkten gesehen zu haben, außerdem gäbe es solche Kreuze überhaupt nicht. Nun geschieht ein wahres Wunder. Bei seiner nächsten Sammler-Exkursion findet er an jedem dritten Stand ein Kruzifix mit eingebauter Spieluhr. Nur ein Mensch, der noch nicht mit dem Sammlervirus Freundschaft geschlossen hat, wird sagen, diese Geschichte ist unsinnig.

Am Anfang steht die Neugierde, es folgt die Vorbereitung auf den ersten »Pirschgang«. Hier sei auf einige Besonderheiten verwiesen, die man unbedingt beachten sollte, wenn man sich entschließt, Sakrales zu sammeln.

Die Glaubens- und Gefühlswelt

Wie ernst der Glaube an den Schutzengel verhaftet ist, auch bei Menschen, die auf einem Sammler-Markt verkaufen wollen, zeigt folgende Begebenheit. Eine Händlerin hatte einen wunderbaren großen Kupferengel von WMF (s. Katalogteil) und auch andere, sakrale Gegenstände zum Verkauf. Nach dem Engel gefragt die Antwort: »Unverkäuflich.« Engel, in diesem Fall ein Engel mit langer »Familienanbindung«, sind doch keine Handelsware. Wir kauften zu sehr überhöhten Preisen verschiedene Dinge und erhielten den Engel »kostenlos« als Dauerleihgabe hinzu. Bedingung: Die Dame dürfe sich regelmäßig nach dem Wohlbefinden ihres Engels erkundigen. Sie tut es noch heute und wahrlich nicht, um den Kontakt zu ihren Kunden zu pflegen.

Begebenheiten ähnlicher Art könnten in großer Zahl beschrieben werden. Sie alle zeigen, daß es bei Sakralem und insbesondere bei dem Thema Engel zu unverhofften Erlebnissen kommen kann. Es ist erstaunlich und erfreulich zugleich, immer wieder beobachten zu können, daß der grundsätzliche Respekt vor der Religion und sakralen Gegenständen sehr lebendig ist. Vielleicht spielt auch der Aspekt des Aberglaubens keine unwesentliche Rolle. In privaten Gesprächen, aber auch in Verhandlungen mit Antiquitätenprofis sollte man von seinem Grundsatz nicht abweichen, daß das Interesse an den gewünschten Gegenständen aus der Sicht des Bewahrens und des Schützens zu sehen und nicht als Geldanlage zu verstehen ist.

Jeder Sammler wird mit dieser Überzeugung gute Erfahrungen machen und zu intensiven und gewinnbringenden Gesprächen kommen.

Die heimliche Aufforderung zum Diebstahl

Wenn in einem Museum ein Bild gestohlen wird, ist der Dieb selten derjenige, der von unbezwingbarer Besitzgier befallen ist. Der perfekte Munch-Diebstahl in Oslo im Februar 1994 zeigt, daß hier gut organisierte Fachleute am Werk waren. Jeder, der sich für alte Kunst und Antiquitäten interessiert, denkt einmal daran, ob er nicht ungewollt Diebes- und Hehlergruppen aktiviert. Bei sakralen Gegenständen ist die Gefahr sehr groß, denn viele Kirchen sind noch nicht so gesichert wie die meisten Museen, die Friedhöfe sind jederzeit zugänglich und die vielen Votivtafeln, Feldkreuze und kleine Kapellen sind einsam gelegen und völlig ungeschützt.

Trotzdem kann der Interessent, Sammler und Käufer, dazu beitragen, daß diese Kriminalität nicht ausufert. In einschlägigen Zeitschriften und auch Büchern werden regelmäßig Empfehlungen gegeben und Beispiele gezeigt. Für unseren Engelbereich seien folgende zusätzliche Empfehlungen gegeben:

- Große Porzellanfiguren, die im Freien postiert sind, werden mit einem großen Eisenstift fest in den Sockel, meist aus Naturstein, eingegossen. Achten Sie auf frische Sägeflächen im Eisenstift. Das häufigste Argument ist, daß der Engel von einem aufgelassenem Grab stammt und die Figur heruntergeschnitten werden mußte. Das ist in den meisten Fällen falsch, denn Grabdenkmäler mit figürlichen Darstellungen landen seit einigen Jahren nicht mehr auf den Deponien zur freien Verfügung.
- Ein sehr eindeutiges Zeichen für Frevel sind unmotivierte Bruchstellen an der figürlichen Darstellung. Medaillons sind immer mit Spezialzement an den Mauern oder Steinen befestigt und auf die Schnelle nur mit Brachialgewalt zu entfernen, was ohne Beschädigung kaum möglich ist. Jeder wirkliche Sammler kauft nicht nur völlig unbeschädigte Figuren. Porzellan, das im Freien stand, weist häufig Beschädigungen auf, die durch Wasser und Eis hervorgerufen wurden. Diese Beschädigungen befinden sich selten am Sockel, eher an Kopf, Flügel und Händen.
- Gewaltige Probleme haben Bibliotheken. Selbst bei sehr wertvollen Bänden, die nur in Gegenwart eines Bibliothekars eingesehen werden dürfen, fehlen trotz aller Sicherheitsmaßnahmen häufig die Frontispize oder Bildtafeln, die dann gerahmt im Handel als teure Einzelstiche und -blätter unter Passepartouts feilgeboten werden. Achten Sie auf ev. Schnittseiten und Nummerierungen, auf Klebestellen oder einfach darauf, ob gleich ganze Serien aus einem Buch vorliegen. Achtung: nicht jeder Händler ist ein Dieb. Natürlich gibt es auch die Möglichkeit, daß Bücher ausgewertet werden, deren einziger verkäuflicher Wert eben in den Abbildungen liegt.

Insgesamt kann gesagt werden, daß fast jedes Zeichen von Gewalt oder eiliger Demontage ein Zeichen des Diebstahls ist; Unkenntnis spielt hin und wieder eine Rolle. Lesen Sie die aktuellen Berichte der Fachleute von Polizei, Versicherungen und Kunsthandel zur Diebstahlsbekämpfung von Kunst und Antiquitäten in den Tageszeitungen und Fachblättern.

Nicht alles, was Flügel hat, sind Engel

Amouretten und Elfen, martialische Siegesgöttinnen und selbst der Teufel haben von Mutter Natur die »technische« Flugausrüstung erhalten. Selbst den erfahrensten Sammlern und Kennern wird einmal ein derartiges Halb- oder Unterweltswesen untergeschoben. Oder man will es »trotzdem« besitzen. Der Sammler sollte sich, bevor er eine systematische Sammlung zusammenträgt, sehr sorgfältig sein Gebiet abstecken und so früh wie möglich sein Spezialthema für sich beschreiben. Sie sparen viel Geld und haben erheblich mehr Freude an der Sammlung, wenn Sie so rasch wie möglich »Spezialist« sind. Überlegen Sie vielleicht folgende Punkte, um sich thematisch einzugrenzen. Bedenken Sie, daß das Thema riesengroß ist. Bedenken Sie, in welcher Landschaft Sie leben und welche Themen dort eher zu erhalten sind. Hier einige Stichpunkte, nach denen Sie gedanklich vorgehen könnten:

1. Nach Stilen (Biedermeier, Klassizismus, Jugendstil etc.);
2. Nach Zeiten (19. Jahrhundert, 18. Jahrhundert etc.);
3. Nach Inhalten (Biblische Darstellungen, Schutzengel, Todesengel, Altarengel, Kaminsimsengel etc.);
4. Nach Themen und Anlässen (Kommunion, Konfirmation, Firmung, Taufe, Wallfahrt, Priesterweihe etc.);
5. Nach Materialien (Porzellan, Holz, Steinzeug, Kupfer, Glas, Papier etc.);
6. Nach Herkunft und Herstellung (Klosterarbeiten, Eingerichte, Luxuspapiere wie Spitzenbilder und Klappkarten, Postkarten etc.);
7. Bilder (Stiche, Lichtdrucke, Chromolithos, Öl, etc).

Uns erscheint ein übergeordneter Gesichtspunkt von elementarer Bedeutung. Entscheiden Sie für sich, welches Grundthema für Sie interessant ist:

1. Religiöse Engel-Darstellungen;
2. »Weltliche«, dekorative Engeldarstellungen wie Zierrat an Lampen, Gläsern usw.;
3. Der Engel in der Kunst;
4. Der Engel in der Werbung und im modernen Alltag.

Die Preise und der ideelle Wert

Kaum ein anderes Sammelgebiet als das der sakralen Volkskunst bzw. Engel ist mit derart verzwickten Besonderheiten versehen. Eine ältere Dame suchte nach einer Ausstellung den persönlichen Kontakt, wollte die Sammlung dort sehen, wo sie die meiste Zeit verbringt und die Sammler kennenlernen. Den Sammlern war es auch nach dem zweiten Besuch nicht klar, worum es der Dame genau ging. Bei ihrem dritten Besuch brachte sie eine große Schachtel mit, randvoll mit Andachtsbildern von Wallfahrten und Kommunion, mit Spitzenbildern und Stichen gefüllt. In ihren ersten Gesprächen wollte sie ergründen, ob die Sammler lediglich Sammler sind oder ob sie Respekt vor den Dingen haben, die ihr einmal sehr wichtig waren. Sie hatte ihren Schatz zuerst der Familie angeboten. Kein Interesse. Museen und große Sammlungen waren bereit, die Bilder zu nehmen. Jedoch wären sie in einem tiefen Lager verschwunden. Händler spielten den Preis herunter zur Bedeutungslosigkeit. Wir fanden Gnade, weil sie merkte, daß wir ihre Bilder achteten und statt Sammler in ihren Augen »Behüter« sind. So kamen die Bilder zu uns und zwar kostenlos, und regelmäßig fragt sie nach »ihren« Bildern.

Sobald sich der Besitzer eines alten Familienschatzes, einer Figur, eines Bildes, vielleicht eines kleinen Hausaltärchens, von seinem Schatz trennen möchte oder muß, bewertet er den Wert meist höher ein als beispielsweise ein Antiquitätenhändler. Für ihn spielt der ideelle Wert die größte Rolle. Und wenn er sich schon vom alten Familienschatz trennt, dann möchte er es auch deutlich in der Geldbörse spüren. Dies ist die Erklärung dafür, daß häufig auf Flohmärkten und Laien-Antiquitätenmessen die Preise für Engel erheblich höher liegen als im vornehmen Antiquitätenhandel. Für den Antiquitätenhändler sind die Figürchen Zusatzverkauf. Möglicherweise hat er einen gesamten Hausstand übernommen und war eher an wertvollen Möbeln oder Bildern interessiert.

In den letzten Jahren ist das Interesse an sakralen Darstellungen enorm gestiegen. Porzellanfiguren, frommer Nippes, Klosterarbeiten, Eingerichte, Andachtsbilder waren vor 10 bis 15 Jahren für sehr wenig Geld zu bekommen. So wie Freilicht- und Bauernhaus-Museen sich immer größerer Beliebtheit erfreuen, so entdecken die Menschen immer mehr die Faszination der »naiven« sakralen Kunst.

Ein etwa 10 cm großes Porzellan-Figürchen, ein kleiner Kaminsimsengel konnte vor 10 Jahren für 10-20 Mark erworben werden. Heute ist dieser Engel nicht unter 60-80 Mark zu bekommen.

Bei sogenannten Luxuspapieren, also Spitzenbildern, ist die Preisentwicklung noch erstaunlicher. Ein unbeschädigtes Spitzenbild mit einem Stich machte in 10 Jahren den Sprung von 8,- bis 10,- Mark auf jetzt mindestens DM 40,-, meist noch erheblich höher. Gerahmte Lichtdrucke und Chromolithos sind zur Zeit noch zahlreich vorhanden und relativ preiswert zu bekommen. Das liegt sicherlich daran, daß diese z.T. sehr großen Bilder schwer zu verwahren sind. Für DM 100,- bis 150,- bekommt man bereits ein gutes Exemplar.

Stiche z.B. haben seit langer Zeit einen stabilen Preis. Einen guten Originalstich bekommt man mit ein wenig Spürsinn für DM 150,- bis DM 250,-. Achtung: Es werden billige Drucke aus alten Zeitschriften mit prächtigen Passepartouts versehen und für stattliche Summen angeboten. Nicht selten verlangen die Händler DM 80,- bis DM 120,- und auch mehr. Auf herausgetrennte Blätter aus Büchern ist schon verwiesen worden. Die wertvollsten Dinge auf diesem Gebiet sind Andachtsbilder, die als Unikate hergestellt, handgestichelt und koloriert wurden. Schöne alte Exemplare hatten und haben Preise nicht unter DM 250,-. Ähnlich hoch und stabil sind die Preise für Eingerichte, Reliquien, Haarpinsel-Miniaturen. Unter DM 500,- ist heute kaum etwas Interessantes zu erwerben. Und Blech. Kleine auf Blech gemalte Bilder bishin zu gemalten und ausgeschnittenen großen Blechfiguren erzielen Preise von DM 500,- bis weit über DM 1.000,-.

In den letzten Jahren herrscht ein regelrechter »Engelboom«. Die Preise sind derzeit sehr hoch, zu hoch. Jedermann vermutete, daß die Preise nach der Öffnung der Ostgrenzen fallen würden. Das Gegenteil ist der Fall. Der Markt wird sich gewiß in einiger Zeit wieder preislich normalisieren. Hoffen wir es.

KATALOG

Weihwasser-Figuren aus Porzellan und Metall

1 Zwei Engel unter dem Kreuz.
Weihwasserbecken in Muschelform, von den Engeln getragen. Blei-Zinn-Legierung. Um 1880. Figuren-Höhe 30 cm. Zum Aufhängen auf gedrechselte Holzscheibe später montiert. Gesamthöhe 42 cm. 700,-/800,-

2 Schutzengel.
Der Engel hält schützend die Hand um das Kind, das am Weihwasserbecken in Muschelform spielt. Im Ufergras eine Schlange – Teufel. Biskuit-Porzellan, Ende 19. Jh. Sig.: 70.
Höhe 15,5 cm. 220,-/250,-

Weihwasser-Figuren

3 Engel mit verschränkten Armen kniet auf einer Wolke (Weihwasserbecken) mit Kreuz und Dornenkrone. Farbiges Biskuitporzellan zum Aufhängen. 19./20. Jh. Sig.: 3591 R. (eingeritzt). Höhe 19,5 cm. 180,-/200,-

4 Wegweisender Schutzengel mit einem Kind an der Hand auf einer Wolke. Weihwasserbecken mit silbernem Weinlaub und Trauben; Engel mit silbernem Kleid und Flügeln. Porzellan. Anfang 19. Jh. Sig.: 47. Höhe 18,7 cm. 160,-/180,-

Weihwasser-Figuren 35

5 Engel weist zum Himmel.
Ein Kind, dem Engel zugewandt. Weihwasserbecken mit weißem Blattdekor. Porzellan, blau gefaßt. Zum Aufhängen. Ende 19. Jh.
Höhe 25 cm. 180,-/200,-

6 Kniender Engel mit Blumenkranz im Haar.
Große rosa Flügel und lange blonde Haare. Weißes Gewand mit Goldnoppen. Türkis-Sockel. Biskuit-Porzellan. Etwa 1910. Höhe 18 cm.
280,-/320,-

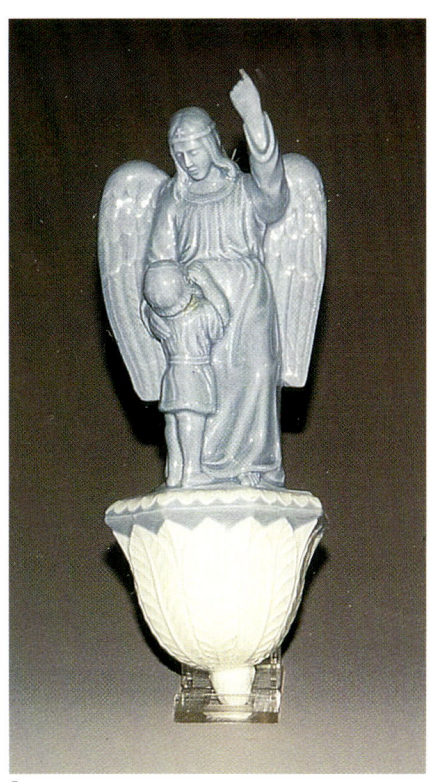

5

6

36 Weihwasser-Figuren

7

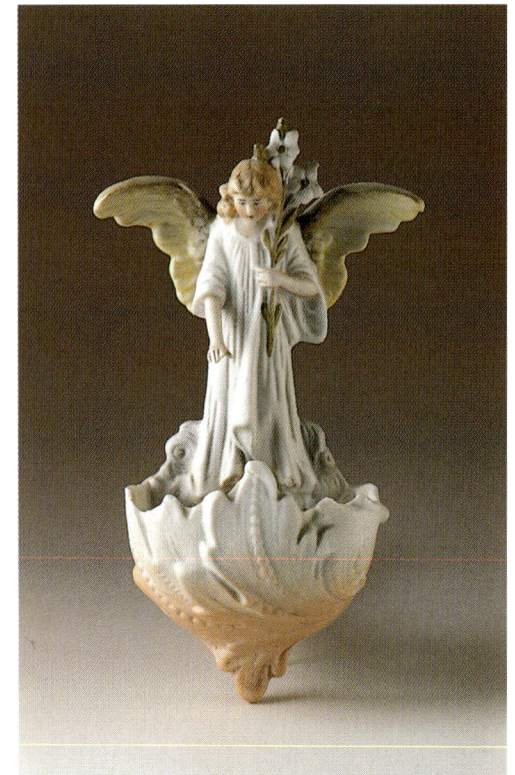

8

9

10

11

12

Weihwasser-Figuren 37

7 Sitzender Engel mit goldenen Flügeln. In der einen Hand das Kreuz mit Dornenkrone, mit der anderen das betende Kinüd schützend. Muschel-Weihwasserbecken. Weißes Porzellan mit Goldverzierungen. 19. Jh. Höhe 12 cm.
160,-/180,-

8 Engel mit Lilien, grünen Flügeln und weißem Gewand am Weihwasserbecken-Rand aus Blättern. Zum Hängen. Sig.: 84. Biskuitporzellan, gefaßt. Um 1920. Höhe 19 cm. 180,-/200,-

9 Schwebende »Mädchen«-Engel mit langen Locken, in den Händen ein Muschel-Weihwasserbecken mit feiner Rosen- und Blätterverzierung. Sehr fein gemalte Gesichter (s. Titelbild). Als Wandplastik. Sig.: 2440. Biskuitporzellan, 19./20. Jh. Höhe 17 cm. 350,-/420,-

10 Stehender weißer Engel mit Muschel-Weihwasserbecken. Sig.: 1736. Biskuitporzellan 1900 – 1920. Höhe 19 cm. 160,-/180,-

11 Engel mit Kreuz und Kelch. Goldverziertes Podest und Weihwasserbecken. Biskuitporzellan. Um 1920. Höhe 18 cm. 120,-/150,-

12 Pilger-Schutzengel mit großen gesenkten Flügeln hinter Pilgerkind mit Wanderstab und Rosenkranz. Der Engel steht auf farbigen Wolken, das Kind auf dem Himmelsfirmament mit blauem Kreuz. Darunter Muschel-Becken. Zum Hängen. Biskuitporzellan, gefaßt. Ende 19. Jh. Höhe 28 cm. 330,-/370,-

13 Schwebender Engel mit lila Flügeln auf lila Wolken. An der Schulter gechürzter Kinderengel mit brennender Fackel. Blaues Weihwasserbecken mit zwei musizierenden Kinderengeln. Motiv: Thorwaldsen (?). Sehr fein gemalte Gesichter. Zum Hängen. Biskuitporzellan. Sig.: 3259. Etwa 1890-1910. 420,-/480,-

13

38 Weihwasser-Figuren

14 Segnender Engel mit Bibel. Sitzender Engel mit langem farbigem Gewand. Goldverziertes Weihwasserbecken. Porzellan, gefaßt. Mitte 19. Jh. Sig.: unleserlich. Höhe 14,5 cm.
260,-/280,-

15 Schwebende Weihwasserengel. Engel halten oben das flammende Herz mit Dornenkrone am Kreuz. Unten am Kreuz Taube und Anker. Becken in Wolkenform mit dem Zeichen der Dreifaltigkeit. Sehr feines Biskuit zum Hängen. Sig.: 10461 M. 19. Jh. Höhe 19,5 cm.
220,-/250,-

16 Schutzengel-Kind mit Palmzweig im Engelarm auf reichverziertem Weihwasser-Becken. Biskuitporzellan, Sockel Porzellan. Mitte 19. Jh. Höhe 14,5 cm.
230,-/260,-

14

15

16

Schutzengel-Porzellan

17 Schulkind mit seinem Engel. Einfaches, aber sehr fein gemaltes Biskuitporzellan. Höhe 16,5 cm. Anfang 20. Jh. 160,-/180,-

18 Weißer Schutzengel vor Geschwisterpärchen mit bunter Kleidung. Sehr feines vollplastisches Biskuit mit sorgfältiger Bemalung. Sig.: D.39 I und Kleeblatt. 19./20. Jh. Höhe 22 cm. 300,-/350,-

40 Schutzengel-Porzellan

19

20

21

22

23

24

Schutzengel-Porzellan 41

19 Kinderschutzengel mit zwei »Sonntagskindern«. Einfaches Biskuitporzellan, Gesichter fein gemalt. Goldnoppen. Sig.: 3575. 20. Jh. Höhe 16 cm. 120,-/160,-

20 Tauben fütterndes Kind mit seinem Engel. Weißer Engel und Kind mit fein gemalten Gesichtern. Biskuit. Sig.: 10064 Germani. 20. Jh. Höhe 17 cm. 250,-/280,-

21 Porzellan-Döschen. Weißes Knochen-Porzellan mit goldenen Verzierungen. Betender Engel am Kinderbett. Etwa 1830-40. Höhe 10 cm. 300,-/350,-

22 Schutzengel. Wohl die bekannteste Schutzengel-Figur, die auch heute in großen Stückzahlen auch im Antiquitäten- und Sammlermarkt aufscheint. (Vorsicht!) Weißes Porzellan. Flügel vergoldet. Sig.: 2292. 20. Jh.
Höhe 19 cm. 120,-/150,-
(Dieser Engel wird und wurde in verschiedenen Größen gefertigt. Z.b. Sig.: 2294,
Höhe 9,3 cm. 30,-/40,-)

23 Zwei Kinder, ein Schaf, ein Vogel und deren Engel. Biskuit-Porzellan, fein gearbeitet und bemalt. Sig.: 376. Anfang 20. Jh.
Höhe 17 cm. 250,-/300,-

24 »Bäuerlicher« Schutzengel an einer Kinderwiege. Fein gemalte, plumpe Gesichter. Sig.: 122. Porzellan. 20. Jh. Höhe 13 cm. 170,-/190,-

25 Engel der Wintersportler. «Moderner« Engel im lila Kleid hinter schlittenfahrenden Kindern mit Hund. Farbiges Porzellan. Sign: unleserlich. Anfang 20. Jh. Höhe 23 cm. 220,-/250,-

25

42 Schutzengel-Porzellan

26

27

28

29

30

31

Schutzengel-Porzellan 43

26 Engel an der Wiege. Weißes Biskuitporzellan mit feinen farbig gemalten Gesichtern. Goldverzierungen und Goldnoppen. Sig.: 2435. 19./20. Jh. Höhe 15,5 cm. 200,-/240,-

27 Die ersten Schritte. Mutter und Kind werden vom Engel behütet. Hinter der Frau ein Baumstumpf, der als Vase dient. Sig.: 5760. Höhe 18,5 cm. Biskuitporzellan. 20. Jh.
160,-/180,-

28 Der Engel betet mit den Kindern. Weißes Biskuitporzellan, Hände und Gesichter farbig. Sig.: 8089. 19./20. Jh. 190,-/230,-

29 Spielende Kinder mit Engel. Weißes Biskuit mit farbig gemalten Gesichtern, Kleidung mit Goldnoppen. Sig.: 380... 19./20. Jh. Höhe 17 cm. 220,-/250,-

30 Konfirmandin mit Engel. Sehr seltene figürliche Darstellung. Sehr fein gemalte Gesichter. Hinter dem Engel schmale Vase. Sig.: G.G. 4425. Biskuitporzellan. Anfang 20. Jh. 250,-/280,-

31 Schutzengel aus farbig bemaltem Gips. Sig.: 144. Signet: AR mit Ranken. Datiert: 1903. Höhe 30 cm. 140,-/180,-

32 Knabenhafter Engel mit betendem Mädchen. Einfache, große, farbig bemalte Gipsfigur. 20. Jh. Höhe 48 cm. 150,-/170,-

Der Engel in biblischen Szenen

33 Maria Verkündigung. Der Engel kniet vor Maria. Podest als Weihwasserbecken. Farbiges Biskuitporzellan. Anfang 20. Jh. Höhe 14,5 cm. 250,-/280,-

34 Christus am Ölberg. Christus kniet am Fels vor dem Engel (Engel abnehmbar). Farbig bemalte Gipsfigur. 20. Jh. Höhe 34 cm, Breite 32 cm. 180,-/200,-

35 Der Engel mit Christus am Ölberg. Farbiges Bikuitporzellan. 20. Jh. Höhe 10,5 cm. 120,-/130,-

Der Engel in biblischen Szenen 45

36 Mariä Verkündigung. Maria kniet vor dem Engel am Pult. Fein bemaltes Biskuitporzellan. Sig.: 8002. 20. Jh. Höhe 13,3 cm. 120,-/150,-

37 Maria bitt für uns. Der Engel mit Maria und Christus. Biskuitporzellan, farbig bemalt. Zum Hängen. Sig.: 456. 20. Jh. 180,-/200,-

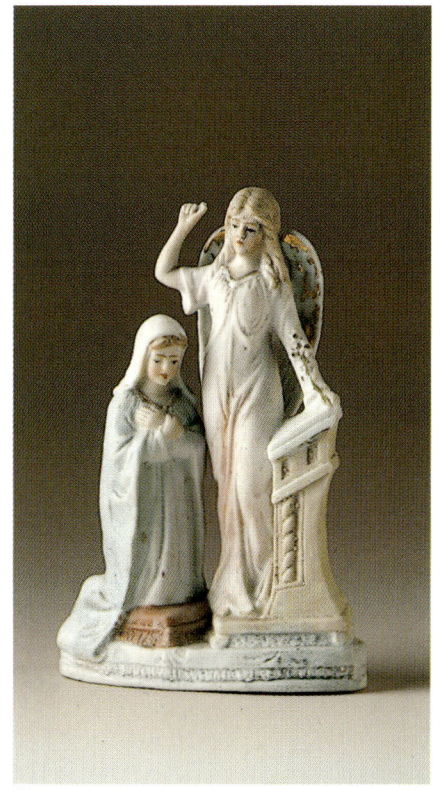

Der Schutzengel in biblischen Szenen

38 Engel im Meßgewand mit Kreuz und Hostie. Biskuitporzellan/Porzellan. Etwa 1880. Höhe 19 cm.   190,-/240,-

39 Der Engel stützt Christus am Ölberg. Bleilegierung. 19./20. Jh. Höhe 17 cm.   120,-/150,-

Klosterarbeiten und Eingerichte

40 Schutzengel mit Reliquien. Engel und Kind aus Bein geschnitzt. Mehrere kleine Reliquien. Klosterarbeit, verziert, im Glasschrein. 19. Jh. Höhe 13 cm.   700,-/800,-

41 Wachsstock mit Engel-Oblate und Rosenblättern. Anfang 20. Jh. Höhe 12 cm.   80,-/120,-

42 Eingerichte. Glassturz mit Engel; Wachskopf und -Arme, Stoffkleid. 20. Jh. Höhe 19 cm.   120,-/140,-

Klosterarbeiten und Eingerichte 47

39

40

41

42

48   Klosterarbeiten und Eingerichte

43
43 »Gott schütze unseren Liebling.« Dreidimensionale Schutzengeldarstellung mit eingebauter Spieluhr. Rahmeneingerichte. Im Rahmen auf Seidenkissen mit farbiger Hintergrundmalerei: Schutzengel aus Biskuitporzellan. 20. Jh. Höhe 62 cm, Breite 44,5 cm, Tiefe 8,5 cm. 350,-/400,-

44
44 Prozessionsfahne.
Seide mit Goldbrokat. In der Mitte ein ovales Schutzengel-Medaillon in Seidenstickerei. (Auf der Rückseite: Madonna mit Jesuskind.) Ende 18. Jh. Maße Medaillon: Höhe 50 cm, Breite 40 cm. 2.200,-/2.600,-

Engel im Hausaltar. »Kaminsims-Engel«

Im Hausaltar standen häufig ein Kruzifix, ein Bild, ein Kerzenleuchter oder Blumenvasen. Rechts und links davon Engel; ein Engelpaar oder zwei Einzelengel. Zu einem Engelpaar gehören Engel mit unterschiedlichen Bein- und Armhaltungen, ansonsten jedoch identisch. Zum Teil wurden aber auch nur die Sockel verschiedenartig dekoriert (Abb. 46).

45 und 46 Engel für Hausaltar.
Diese fein gearbeitete Engelfigur muß sehr beliebt gewesen sein. Sie kommt häufig in unterschiedlicher paarweiser Sockelgestaltung vor. 19./20. Jh.

45 Sockel mit Goldverzierung und lila Weihwasserbecken in Muschelform. Biskuitporzellan/ Porzellan. Höhe 14,5 cm.   180,-/220,-

46 Sockel reich verziert mit Rosen, anderen Blumen und weiteren Goldverzierungen. Biskuitporzellan/Porzellan. Höhe 15,5 cm.
                    Einzeln 250,-/280,-
(Auch als Engelpaar: Engel identisch, Sockel beim 2. mit blauen Kornblumen verziert.
                    Als Paar ca. 600,-)

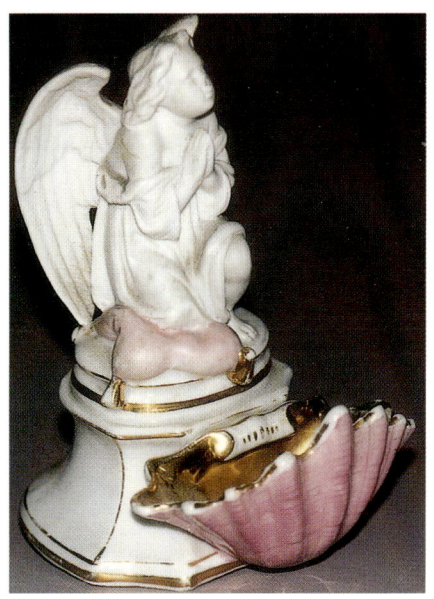

45

46

Engel im Hausaltar

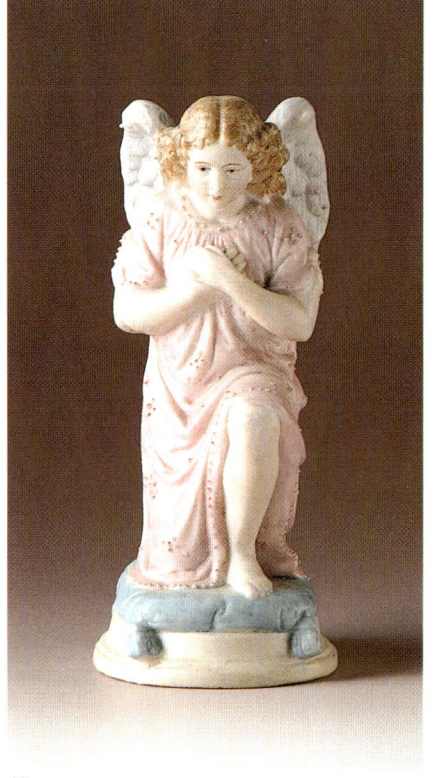

Engelpaare

Zu den Preisen: Paare sind im Preis höher als zwei Einzel-Engel, da seltener.

47 Jugendstil-Engelpaar. Engel mit Stirnbändern und langen Gewändern in Blau und Türkis. Sig.: SW (übereinander). Gips. Jahrhundertwende. Höhe 17 cm. Zusammen 250,-/280,-

48 und 49 Engel-Paar mit langen Locken, türkis/grünen Flügeln. Fein gearbeitetes und bemaltes Porzellan. Sign: 3503 L. 19./20. Jh. Höhe 17 cm. Zusammen 250,-/280,-

50 Kniender Engel. Biskuit mit feiner Bemalung und Blumendekor im Sockel. 20. Jh. Höhe 12 cm. 80,-/100,-

51 Engel mit Kerzenleuchter. Biskuit-Porzellan. Sig.: 3498. 20. Jh. Höhe 20 cm. 90,-/120,-

52 Engel mit Kreuz. Farbiges Biskuit. Sign: 990. 20. Jh. Höhe 18,3 cm. 80,-/100,-

53 Engel auf einer Wolke mit Kelch und Palmzweig. Porzellan, gefaßt. Um 1920. Höhe 21 cm. 130,-/160,-

54 Betender Engel in langem Gewand. Biskuit. Sig.: 668. Um 1910-20. Höhe 19 cm 150,-/170,-

55 Nackte Engel mit goldenem Kreuz. Porzellan. Sig.: 2033. 19./20. Jh. Höhe 12 cm. 70,-/90,-

56 Kniender Engel. Biskuit. 20. Jh. Höhe 12,5 cm. 40,-/60,-

57 Engel mit goldenen Flügeln. Biskuit. 20. Jh. Höhe 14 cm. 40,-/60,-

58 Betender Engel. Fein gemaltes Biskuit. Sig.: 728. 20. Jh. Höhe 9,5 cm. 35,-/50,-

59 Bäuerlicher Engel. Biskuit. 20. Jh. Höhe 12 cm. 40,-/50,-

60 Hausaltarengel (Von Engelpaar). Fein gemaltes Biskuit. Sign: 3501 O. 19./20. Jh. Höhe 18 cm. 180,-/220,-

61 – 64 Bäuerliche Hausaltarengel. Porzellan-Engel in den unterschiedlichsten Größen und Bemalungen. Durch die einfache Form werden sie auch heute hergestellt und z.T. »patiniert«. Früher und heute die bekannteste Massenware. 20. Jh. Größen zwischen 10 und 25 cm. Je nach Größe und Bemalung zwischen 30,- und 180,-

47

48   49

Engel im Hausaltar 51

50 51 52 53 54

55 56 57 58 59

60 61 62 63 64

52 Engel im Hausaltar

65/66 Altarengel. Holzfigur mit Pappmaché und Glasaugen. Sehr seltener und fein gearbeiteter und bemalter Engel. 19./20. Jh. Höhe 31 cm.
280,-/320,-

67 Tunika-Engel mit riesigen Flügeln. Gips. Jahrhundertwende. Höhe 27 cm. 150,-/180,-

68 Erzengel Michael mit langen Flügeln und Ritterrüstung, darüber ein Umhang.
Sig.: Duret, F. (G. Quesnel). 1.800,-/2.300.-

Grabengel und Trauerengel

69 »**Selig sind die Toten.**« Medaillon. Engel mit Heiligenschein und Spruchband. 19./20.J. Höhe 18 cm. 190,-/230,-

Abbildungen Seite 54:

70 Trauernder Engel mit gebrochener Rose (Symbol für den Tod eines Kindes). Biskuit. 19./20. Jh. Höhe 37 cm. 380,-/450,-
(Nächstkleinere Größe = 32 cm, usw.)

71 Grabengel auf Polster. Porzellan. Sig.: 366. 19./20. Jh. Höhe 26 cm. 200,-/250,-

72 Grabengel. Fein gearbeitetes Biskuit. 19./20. Jh. Höhe 19 cm 200,-/250,-

Abbildungen Seite 55:

73 Betender Grabengel. Sehr fein gearbeites franz. Porzellan. 19. Jh. Signiert und gestempelt. Höhe 23 cm. 340,-/390,-

74 Kleiner Kindergrabengel mit Lockenkopf auf Polster. Porzellan 19./20. Jh. Höhe 26 cm. 320,-/360,-

75 Rosen am Kreuz. Engel schmückt das Grabkreuz aus rohem Baum mit Rosen. Sehr feines Biskuit. Sign: 3921. 19. Jh. Höhe 40 cm. 550,-/650.-

Grabengel und Trauerengel

70

71

72

Grabengel und Trauerengel 55

73

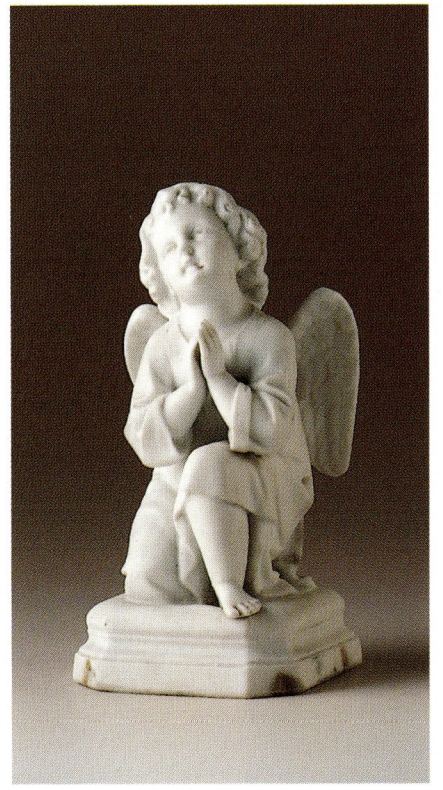

74  75

Grabengel und Trauerengel

76 Puttenkopf mit langen wallenden Haaren, Heiligenschein und Blumengirlanden. Porzellan. 19. Jh. Höhe 13 cm. 190,-/230,-

77 Betender Engel. Kupfer, ausgegossen, geschwärzt. Sig.: Völker. Hergestellt bei WMF. Anfang 20. Jh. 780,-/850,-

78 Terrakotta. Betender stehender Engel am Fels. 20. Jh. Höhe 72 cm. 800,-/900,-

Der Engel der Soldaten

»Mit Gott für König und Vaterland«

79 Der Engel segnet den Soldaten und seine Liebste. Farbiges Biskuitporzellan. Sehr feine Arbeit und Bemalung. 1. WK. Sig.: 2744. Höhe 21,5 cm. 300,-/350,-

80 In den Kampf. Überdimensionaler weißer Engel über dem stürmenden deutschen Soldaten des 1. Weltkrieges mit Sturmgewehr und Pickelhaube. Inschrift: »Mit Gott für König und Vaterland.« Sig.: 2512. Biskuit. 1. WK. Höhe 20 cm. 280,-/300,-

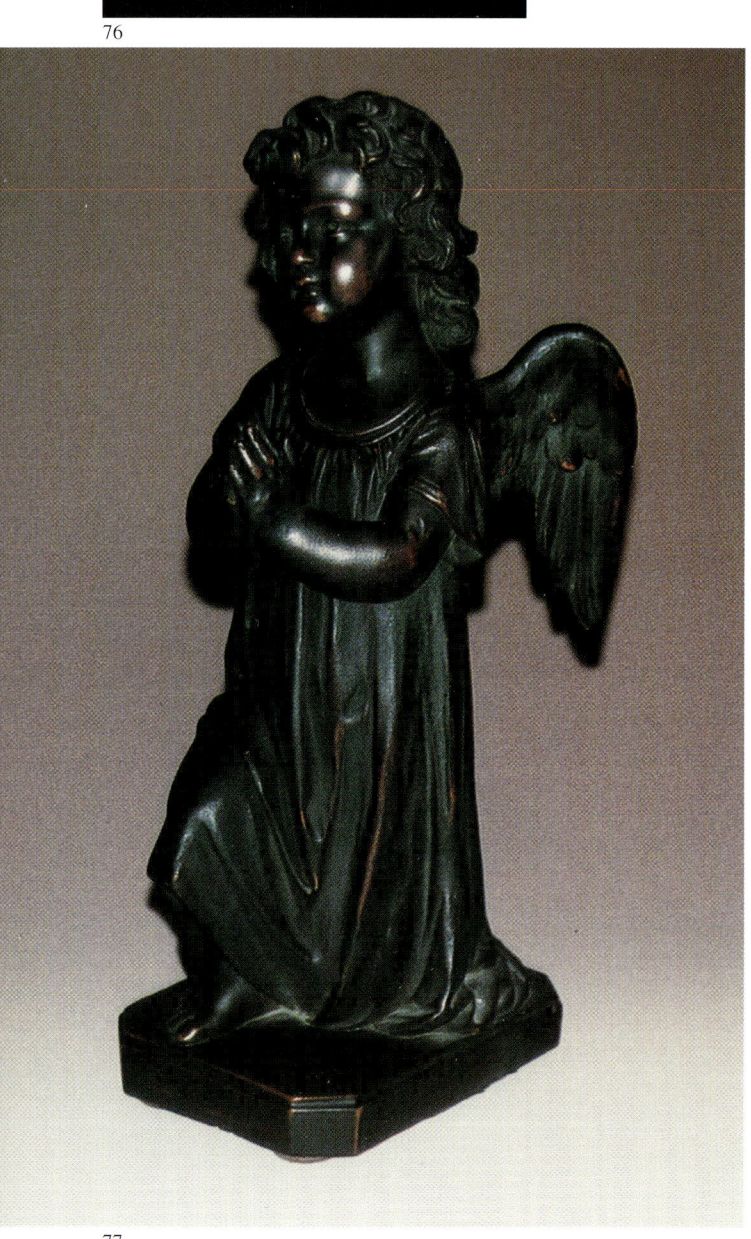

Der Engel der Soldaten 57

Abbildungen Seite 58/59:

81 Österreicher mit Schutzengel und Gewehr.
Biskuit. Sig.: 6951 (geritzt). 1.WK.
Höhe 19,5 cm. 280,-/350,-

82 – 85 Deutsche Soldaten im 1. Weltkrieg.
Biskuit. 1.WK. Sig.: 45261. 82 = auch Vase
(geritzt). Höhe 15,5 cm. 180,-/220,-

83 = Sig.: 11245/1 (geritzt). Höhe 19 cm.
220,-/240,-

84 = »Gott mit uns.«. Höhe 20 cm. 200,-/220,-

85 = »Der Herr behüte dich.« Sig. 2486 III.
Höhe 16,5 cm. 180,-/200,-
(Variante: Sig.: 2486 I. Höhe 22 cm. 230,-/250,-)

86 Waffenbrüderschaft unter dem Schutzengel. Begrüßung eines deutschen und österreichischen Soldaten im Schutz des Engels.
Biskuit. Sig.: 3849. 1.WK. »Gott mit uns.«
Höhe 14,5 cm. 280,-/320,-

58   Der Engel der Soldaten

81

82

83

Der Engel der Soldaten 59

84

85

86

Der Engel der Soldaten

| 87 | 88 | 89 | 90 |

87 und 88 »Glückliche Heimkehr aus dem Felde.« Der heimkehrende Soldat mit Blumenstrauß gibt sein »Amt« an den Sohn. Der Engel hält den Lorbeerkranz über sie. Sehr feines Biskuit-Porzellan.

87 = Sig.: 12716. gesch. (geritzt). 1. WK. Höhe 18 cm.   250,-/280,-

88 = Sig.: 12717. gesch. (geritzt). 1.WK. Höhe 15,5 cm.   220,-/250,-

89 Der kniende Krieger in blauer Uniform mit Gewehr, Dolch und Orden. Biskuit. 1.WK. Sig.: 3258. Höhe 14 cm.   220,-/250,-

90 »Mit Gott für Kaiser und Reich.« Engel, die Fahne in den Farben Schwarz-Weiß-Rot, Lorbeerkranz und Kanonen. Biskuit. 1.WK. Sig.: 3838. Höhe 21 cm.   270,-/300,-

91 Das »Rote Kreuz«, der Engel und der sterbende Krieger.
»Der Herr segne ihn.« Gips, bemalt. Höhe 32 cm,
Breite 28,5 cm, 1.WK.   320,-/350,-

Miniaturen, Stickereien, Drucke und Gemälde

92 Perlenstickerei und Brokat.
Der Engel des Todes mit zwei Kindern (Thorwaldsen-Motiv). Silberdrahtgeflecht, Gesichter gestickt. Ovales Motiv auf Samt in geschnitztem Originalrahmen. 42 x 47 cm. 19. Jh. 900,-/1.000,-

93 Haarpinsel-Malerei. Engel mit Mädchen im Wald. Öl auf Kupfer. 10 x 17 cm. Etwa 1830. 600,-/800,-

94 Haarpinsel-Malerei. Der Engel breitet einen Schleier über gefährdete Kinder. Öl auf Blech. 8 x 14 cm. Etwa 1880. 600,-/700,-

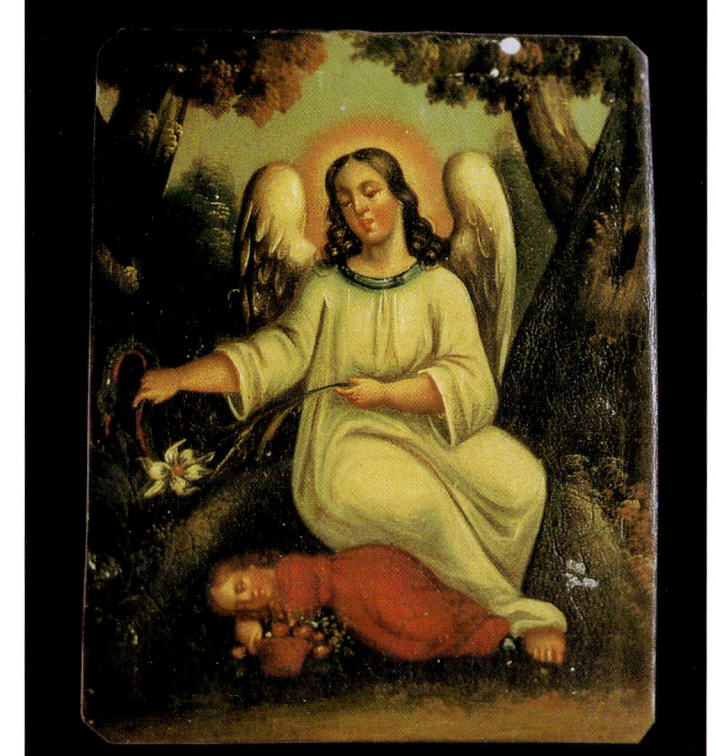

62 Miniaturen, Stickereien, Drucke und Gemälde

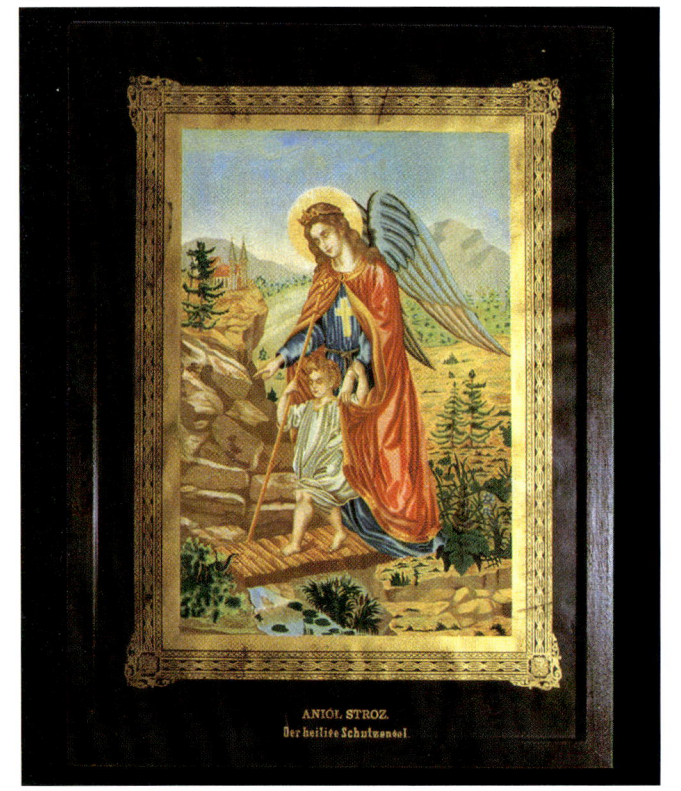

95 Jugendlicher Pilger. Kind mit Pilgerstab und Tasche. Bedrohung durch den Teufel (Schlange). Lichtdruck. 19./20. Jh. 32 x 41 cm. 190,-/220,-

96 Am Abgrund. Spielende Kinder im Schutz des Engels. Ein tausendfach variiertes Motiv. Lichtdruck Ende 19. Jh. 38 x 50 cm. Gerahmt 200,-/240,-

97 »Der heilige Schutzengel.«
Chromolitho. Sig.: Aniol Stroz. Anf. 20. Jh. 34,5 x 46,8 cm. 140,-/160,-

Miniaturen, Stickereien, Drucke und Gemälde 63

98 »Der richtige Weg.« Handkolorierter Stich. 24 x 32,5 cm.
Jahrhundertwende. 120,-/140,-

99 Ordensfrau. Engel hält über ihrem Kopf die Dornenkrone. Lichtdruck
mit Glanzkörnungen. Etwa 1920-30. 40,6 x 49 cm. Gerahmt 180,-/200,-

100 Am Kinderbett. Der Engel beschützt den Schlaf. Lichtdruck
um 1900. 31,5 x 41 cm. Gerahmt 200,-/240,-

64   Miniaturen, Stickereien, Drucke und Gemälde

101 und 102 Hinterglasbilder, Druck und Folie auf Glas. Engel am Kinderbett und Engel am Bach-Steg. In Blei gefaßt.
Anfang 20. Jh. 19 x 30 cm. je 260,-/290,-

103 Klosterarbei. Bildmontage aus Druck, Stoff, Goldfolie, etc.
Anfang 20. Jh. 23 x 30 cm. 260,-/280,-

104 und 105 »Des Kindes Schutzengel«
von O. Voelkel. Heliogravüre mit Glanzkörnern. Vor 1910. 28,5 x 30 cm.
Gerahmt je 250,-/280,-

106 und 107 Schutzengel-Bildpaar. Mädchen mit rotem Kleid und türkis gewandetem Engel; seitenverkehrt Junge in blau und weißem Engel. Lichtdruck mit Glanzkörnung. Jahrhundertwende. Gerahmt je 200,-/240,-

Miniaturen, Stickereien, Drucke und Gemälde 65

104

105

106

107

66 Miniaturen, Stickereien, Drucke und Gemälde

108

109

110

108 – 110 Handgemalte Text-Bild-Votiv-Bilder.
Schwarzer Karton mit aufgeklebten Bildern und Blumen; handbeschriftet.
28 x 38 cm. Gerahmt je 70,-/90,-

111 Schutzengel am zerbrochenen Steg mit einem armen Mädchen.
Lichtdruck von besonderer Qualität. Ende 19. Jh. Original-Goldrahmen.
50 x 75 cm. 600,-/650,-

Miniaturen, Stickereien, Drucke und Gemälde 67

Abbildungen Seite 68/69:

Andachtsbilder – Spitzenbilder

112 Christi Geburt mit kleinen gestanzten und geprägten Engelköpfen. Müller Kunstverlag, München, Ende 19. Jh.   30,-/35,-

113 Taufbrief. Gestanzter Hintergrund, geschmückt mit Seidenfächern und -bändchen. Bild mit Goldbordüre. Verlag RK & Co, Leipzig. Ende 19. Jh.
Mit Brief.   130,-/140,-

114 Jesuskind sägt sein Kreuz. Gestanzt und geprägt.
Ende 19. Jh.   25,-/35,-

115 Schutzengel. Engeldarstellung auf fein gestanztes Bild geklebt. Wallfahrt Maria Zell. Ende 19. Jh. Franz Schumm, Nürnberg.   20,-/25,-

116 Engel mit Rotkäppchen. Spitzenbild, Abbildung mit Goldprägung. Ende 19. Jh.   35,-/40,-

117 Christi Geburt. Farbabbildung auf Spitzenbild geklebt. Ende 19. Jh.
                30,-/40,-

118 Overbeck-Schutzengel. Spitzenbild mit einem Stich nach Johann-Friedrich Overbeck.
Etwa 1850.   70,-/80,-

119 Schutzengel.
Serz & Co, Nürnberg, Ende 19. Jh.
                30,-/40,-

120 »Christ, erinnere dich, daß du heute alle Engel verehren mußt«.
Paris. Ende 19. Jh.   50,-/60,-

121 Engel-Kind-Schlange (Teufel). Paris. Ende 19. Jh.
                50,-/60,-

122 »Beschütze, O Gott ….«
Paris. Ende 19. Jh.   60,-/70,-

123 Kinder im Wald.
Serz Nürnberg 19. Jh.   30,-/40,-

68 Andachtsbilder – Spitzenbilder

112

113

114

115

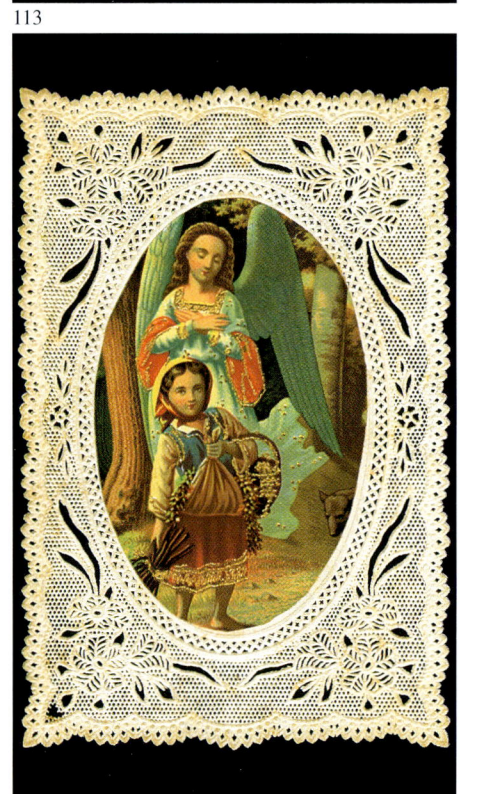

116

117

Andachtsbilder – Spitzenbilder 69

118 119 120

121 122 123

70　Andachtsbilder – Spitzenbilder

124

125

126

127

128

129

130

131

132

133

134

124 – 127 Schutzengel-Bilderserie.
Jugendstil. Jahrhundertwende.
Zusammen 130,-/150,-

**128 – 129 Christus am Ölberg –
Mariä Verkündigung.**
Zwei Jugendstil-Andachtsbilder.
Jahrhundertwende. Je 15,-/20,-

130 – 131 Zwei Kommunionsbilder mit Jugendstilrahmen. Jahrhundertwende. Je 15,-/20,-

132 Spitzenbild mit Farbbild.
Ende 19. Jh. 35,-/45,-

133 Prägebild mit Blumendekor.
Gebr. Benziger, Einsiedeln. Ende 19. Jh. 30,-/35,-

Andachtsbilder – Spitzenbilder 71

134 Heiliger Schutzengel.
Anfang 20. Jh. 25,-/30,-

135 – 136 Zwei belehrende Engel.
B. Kühlen, M-Gladbach. 1920-1930.
(Siehe Seite 23.) je 15,-/20,-

137 und 140 S. Angelus Custos.
Max Hirmer, München. Anfang 20. Jh.
je 15,-/20,-

138 – 139 Jugendstil-Schutzengel.
Anf. 20. Jh. Je 18,-/23,-

72 Andachtsbilder – Spitzenbilder

141

142

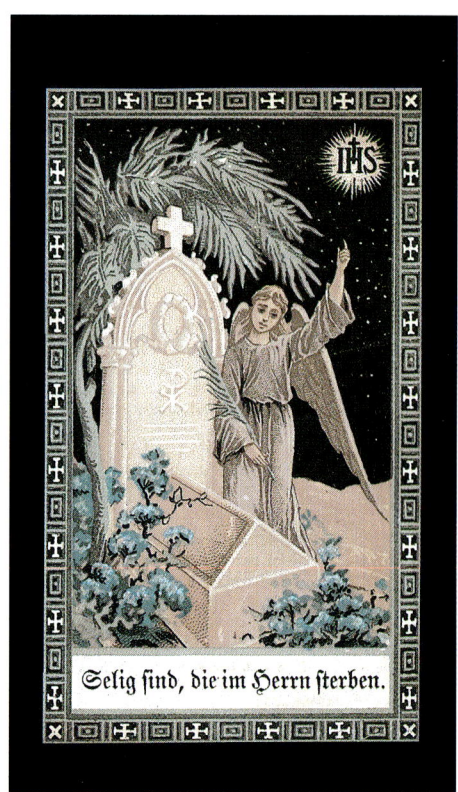

143

Unsägliches Glück, Gott ruft mich und verleiht mir das Leben des Himmels!

Mit dem Kreuz und mit der Dornenkron kommt der Christ hinauf zu Gottes Thron

Selig sind, die im Herrn sterben.

144

145

146

R·I·P

Nun werde ich mich in die Erde legen, und wenn man mich morgen suchet, werde ich nicht da sein.

Ich habe mich mit meinem GOTT verdemuthigt um mit IHM verherrlicht zu werden.

Andachtsbilder – Spitzenbilder 73

147

148

149

150

151

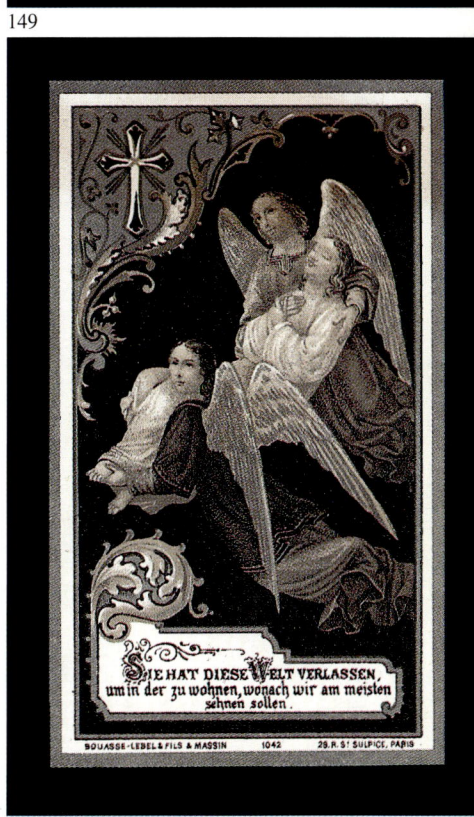

152

Andachtsbilder – Spitzenbilder

Abbildungen Seite 72/73:

141 – 146 Sterbebildchen. Chromolithos. Ende 19. Jh. Je 10,-/12,-

147 – 152 Sterbebildchen. Farbige Chromolithos, Jahrhundertwende. Je 10,-/12,-

153 – 156 Sterbebilder des 1.Weltkrieges.
Je 8,-/10,-

Postkarten

157 Elterngrab. Aus einer Serie. Prägebild um 1900. 15,-/18,-

158 Thorwaldsen-Engel. Chromolitho um 1900. 15,-/20,-

159 Friede auf Erden. 1.Weltkrieg.
15,-/20,-

160 »Selig sind die Toten...« Postkarte 1.WK. 16,-/20,-

161 »Ich will euch erquicken«. 1.WK-Karte.(s. auch Seite 23–24).
16,-/20,-

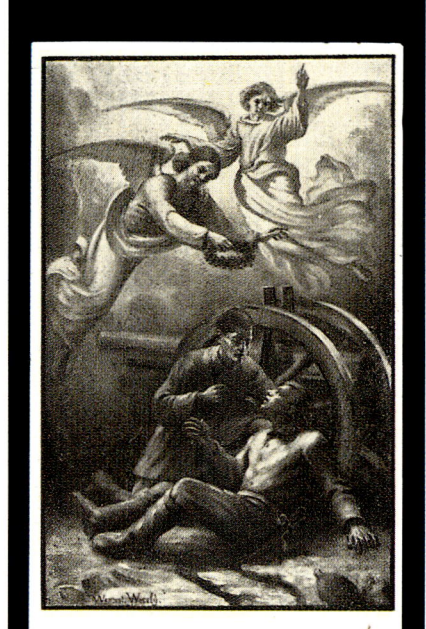

Postkarten 75

158

159 Friede auf Erden.

160 „Selig sind die Toten, die in dem Herrn sterben"

161 „Ich will euch erquicken"

76 Postkarten

162

163

164

165

166

162 »Confirmation«.
Vor 1910. 20,-/24,-

163 Zur Konfirmation.
Um 1900. 22,-/25,-

164 – 166 Kolorierte Photopostkarten.
20er Jahre. Je 15,-/18,-

167 Glitzerengel. Farbkarte mit Glitzerbestreuung.
Ende 19. Jh. 25,-/30,-

168 Prägekarte.
Anfang 20. Jh. 20,-/25,-

**169 Schutzengel im »modernen«
Verkehr** (s. auch S. 22). Etwa 1910. 25,-/28,-

170 – 172 Schutzengel-Kartenserie.
Um 1900. Zusammen 50,-/60,-

Postkarten 77

167

168

169

170

171

172

Reiseerinnerungen – Grußkarten

173 Engel mit den Hirten.
Grußkarte. 20er Jahre. 5,-/8,-

174 Weihnachtskarte von Walter Firle.
20er-Jahre 18,-/20,-

175 »Ostergrüße« Postkarte aus dem 1.WK.
12,-/16,-

176 »Fröhliche Weihnachten«.
Postkarte. Anf. 20. Jh. 10,-/12,-

177 Die Hirten auf dem Felde. Porzellanbecher.
Sig.: Vereinigte Verkaufsstelle der Anstalt Bethel: Ophir. 20. Jh. Höhe 8,2 cm. 30,-/35,-

178 Porzellan-Schale. Andenken an Karlsbad.
Durchmesser 19,5 cm. 20. Jh. 50,-/70,-

179 Engeltasse. Feines weißes Porzellan.
Sig.: Bavaria, Tirschenreuth. 20. Jh. 80,-/90,-

180 Erinnerung an eine Wallfahrt. Luxuspapier zum Aufklappen mit drei Bildebenen und Seidenblumen. Ende 19. Jh. 140,-/160,-

181 Wallfahrts-Mitbringsel. Typische Schutzengeldarstellung unter gewölbtem Glas, verziert mit Blumen und Blättern an Glasperlenbändern, Perlenrahmen. 20. Jh. Höhe 26 cm.
90,-/110,-

182 – 183 »Birkenkotletts«. Aufgeklebte Bilder, farbig und erhaben weiterbemalt. 20. Jh.
Höhe 21 cm, Breite 10 cm.
Zusammen 120,-/140,-

184 Muschelschale. Aufgeklebte Abbildung und Fortsetzung durch Handbemalung. 20. Jh. Breite 10 cm, Höhe 21 cm. 100,-/120,-

185 Postkarte für sämtliche Feste. Neujahr, Ostern, Pfingsten, Weihnachten. 15,-/18,-

186 Andenken an Karlsbad. Viereckiger Porzellanteller der 20er Jahre. 27 x 26,4 cm.
220,-/250,-

173

174

175

176

Reiseerinnerungen – Grußkarten 79

177

178

179

180

181

182

183

184

185

186

80   Reiseerinnerungen – Grußkarten

187

188

189

190

191

192

187 – 188 Weihnachts-Grüße
der Jahrhundertwende.   12,-/16,-

189 Neujahrskarte
um 1900.   12,-/16,-

190 Weihnachtskarte
um 1900.   10,-/12,-

191 »Hoffnung«. Prägekarte aus der Serie
»Glaube-Liebe-Hoffnung«. Vor 1910.   15,-/18,-

192 Engel und Weihnachtsmann.
Grußkarte der 30er Jahre.   10,-/15,-

Stiche, Kupfer, Lithos

193 »Der Erzengel Michael«.
Guido Reni pinx/A.H. Payne sc. 19. Jh.
A.H. Payne, Leipzig. 160,-/190,-

194 Chronos. Gebarteter »Engel« der Zeit mit Sense und Stundenglas über Phantasielandschaft. Stahlstich von C. Marshall/Engraved by F. Tophan. 19. Jh.   120,-/150,-

195 Hagar in der Wüste. Prof. J. Richter/gestiftet von Stölzel. »Angekauft vom Saechsischen Kunstvereine auf das Jahr 1834«.   140,-/160,-

196 Jesus im Oelgarten. Stich nach Lebrun. W.C. Wrankmore sc. 18. Jh.   120,-/150,-

(Siehe auch »Der Esel von Bileam«. Stich. 19. Jh. S. 25   40,-/50,-)

JESUS IM OELGARTEN.

Nach Lebrun.

84   Stiche, Kupfer, Lithos

197

198

199   VON GOTT.

200   ZU GOTT.

Stiche, Kupfer, Lithos 85

197 Engel in der Nacht. Einfarbiger Lichtdruck, 19. Jh. Ovales Bild in handgeschnitztem Eichenrahmen. 360,-/390,-

198 Am Grab. Stahlstich. 19. Jh. Serz sculp Nürnberg. 40,-/60,-

199 und 200 »Von Gott« – »Zu Gott«. Kupfer, 19. Jh. Sig.: Schutzmarke AM, Saxony No 717/No 718. Zusammen 280,-/340,-

201 »Geduld«. Holzstich nach einer Zeichnung von B. Plockhorst. Ende 19. Jh. 90,-/110,-

202 – 203 Einfarbige Chromos. Ende 19. Jh. Je 130,-/150,-

201

202

203

204 – 205 Schutzengel nach Gemälden von Hermann Kaulbach. Stiche nach Photographien von Brack & Fechner, Berlin. Jahrhundertwende.
Je 80,-/100,-

206 »**Der Kinder Traum vom Weihnachtsengel**«. Stich (Sig. unleserlich) nach einer Zeichnung von F. Wittig. Ende 19. Jh. 60,-/90,-

207 »**Guardian Angels**« – »**Die Schutzengel**«. J. Hübner pinx/A. H. Payne sc. Stahlstich. 19. Jh. 120,-/150,-

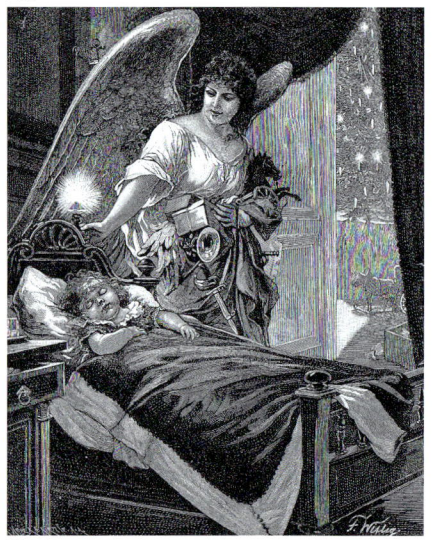

Stiche, Kupfer, Lithos 87

208 »El Angel de la Guarda« –
»**Der Schutzengel**«. Lit de J. Aragon. Letre Lit.
Lithographie um 1860-70. 110,-/130,-

209 »**Bitt für uns o heil. Schutzengel!**«.
Pilgerkind. Stich des 19. Jh.
50,-/60,-

(Siehe auch Seite 28 **Engel im »Dirndlkleid«**.
Stich. Jahrhundertwende. 50,-/60,-)

HINWEISE FÜR DEN SAMMLER

Herkunft und Hersteller von Gegenstände der Volksfrömmigkeit

Heiliges (Figürliche Porzellane)

Eine Zuordnung zu exakten Zeiten und Manufakturen bei figürlichem Porzellan ist hier äußerst schwierig. Die Begründung ist simpel: Produktionen, die unter dem Sammelbegriff »Heiliges« oder »Devotionalien« auf den Markt kamen, waren zur Jahrhundertwende Massenproduktionen – und so ganz standen die Hersteller aus der Sicht des künstlerischen Porzellans nicht hinter dieser Volks-Produktion. Es war aber ein Riesengeschäft. Die Porzellane haben Produktions- bzw. Vertriebsnummern, in sehr seltenen Fällen die Manufaktursignatur. Denken sie an das berühmte Beispiel bei Wiener Bronzen. Die Firma Bergman bekam in großem Umfang Aufträge für erotische Bronzen. Sie wollten ihren 'guten' Namen jedoch für dieses Herrenzimmer-Vergnügen nicht hergeben, das Geschäft jedoch lockte. So signierten sie ihre Bronzen in der rückwertigen Schreibweise »Namgerb«. Wenn man heute alte Vertriebskataloge sieht, wie den der Firma Liemann aus Berlin um 1900, wird der Sammler erblassen: Ein 10 cm großer Schutzengel aus Porzellan wird für 1 Mark das Dutzend angeboten. Man sieht, um welch gigantische Massenproduktionen es sich hier zur Jahrhundertwende handelte.

In erster Linie waren es böhmische und auch thüringische Manufakturen, die hauptsächlich für katholische Länder produzierten. Aber auch die evangelischen Menschen verlangten nach heiligen 'Vertiko-Figuren'. Hier trat z.B. die Königliche Kopenhagener Porzellanmanufaktur mit dem berühmten segnenden Christus von Thorwaldsen hervor. Thorwaldsensche Motive wurden jedoch auch von der Manufaktur Kister in Thüringen hergestellt. Diese Figuren gab es nicht nur in Porzellan, sondern auch in Gips und Gußeisen.

Porzellanmanufakturen der Jahrhundertwende
(Eine Auswahl der Firmen, die 'Heiliges' herstellten)

Bayern:
Dressler, Kister & Co, Passau;
Fritz Krug, Porzellan und Terrakotta, Lau;
Oberfränkische Porzellanfabrik Ohnemüller und Ullrich, Küps/Oberfranken.

Preussen:
Carl Schmidt, Schleusingen.

Thüringen:
Älteste Volkstedter Porzellanfabrik, Volkstedt;
Alt, Beck & Gottschalck, Nauendorf;
C., E. & F. Arnoldi, Eigersburg;
Bähr & Proeschild, Ohrdruf;
Gebrüder Beck, Tambach;
Bremer & Schmidt, Eisenberg;
Conta & Böhme, Pössneck;
Dornheim, Koch & Fischer, Gräfenroda;
Fasold & Stauch, Bock-Wallendorf;
Götze & Heine, Steinbach;
W. Heese, Gräfenroda;
Heinz & Co, Meernach;
Gebrüder Heubach, Lichte;
H. Hutschenreuther, Probstzella;
Kaempfe & Heubach, Wallendorf;
A.W.Fr. Kister, Scheibe-Alsbach;
Kloster-Veilsdorfer Porzellanfabrik, Veilsdorf;
Leube & Co., Reichmannsdorf;
Karl Moritz, Taubenbach;
A.H. Pröschold, Gräfenthal;
Rauensteiner Porzellanfabrik, Rauenstein;
Carl Schneider's Erben, Gräfenthal;
Triebner & Co., Volkstedt;
Wagner & Apel, Lippelsdorf;
Weiss, Kühnert & Co., Gräfenthal;

Österreich:
Fritsche & Thein, K.K. priv. Porzellanfabrik, Prag;
Theodor Pohl, Schatzlar;
Carl Spitz, Brüx;

Prägedrucke und Stanzspitzenbilder

Das bedeutendste Buch über Andachtsbilder ist nach wie vor das 1930 erschienene Werk »Das kleine Andachtsbild« vom XIV. – XX. Jahrhundert von Adolf Spamer. Das allgemein als »Heiligenbildchen« bezeichnete Andachtsbild gewann in den zurückliegenden Jahren bei kulturgeschichtlich Interessierten und Sammlern enorme Aufmerksamkeit.

Klosterarbeiten waren der Beginn. Andachtsbilder wurden mit persönlichem Zierrat versehen. Es entstanden die gestichelten und handgeschnittenen Bilder, die zudem einzeln koloriert wurden. Heute sind sie im Handel selten, und wenn, dann sehr teuer.

Im 19. Jahrhundert entstand durch moderne Druck- und Verarbeitungstechniken eine Serienproduktion, die sich stilistisch rasch verselbständigte: Stanz-Spitzen-Bilder.

Zentrum der Herstellung von Prägedrucken im 19. Jahrhundert war Prag. Hier wurde maßgeblich die Stanz- und Prägetechnik entwickelt. Zu nennen sind Drucker/Verleger wie Hora, Koppe, Maulini, Morak oder Pachmayer. In den meisten Fällen fehlt jedoch die Namensangabe, sodaß eine Zuordnung nur stilistisch möglich ist. Wie beliebt die z. T. völlig durchbrochenen und geprägten Bildchen waren, zeigt die große Anzahl von Imitationen, die per Kupferstich hergestellt wurden und täuschend ähnlich aussahen. Zudem wurde häufig das Bildmotiv, handkoloriert, aufgeklebt. Der Erfolg dieser Plagiate mag jedoch auch darin zu sehen sein, daß diese Bildchen stabiler waren als die sehr empfindlichen original Prager Spitzenbilder. Schnell übernahm Paris eine wahre »Spitzenposition« bei der Massenproduktion von Andachtsbildern. Hier seien die Verleger Bouasse-Lebel, Dopter und Turgis als Beispiele genannt. Die Pariser Hersteller brachten zusätzliche Raffinements: Auf Kommunionsbildchen wurden Kleidchen oder Anzüge geklebt. Später folgten die für Paris berühmten Klappbildchen, die geschickt Ornamente von Blumen z. B. mit bildlichen Darstellungen vereinten. Gleichzeitig entstanden die typischen Pariser Stanz-Stahlstiche. Der Einfluß des »Vereins zur Verbreitung religiöser Bilder in Düsseldorf« ist unverkennbar. Die Dependance des Düsseldorfer Verlages A. W. Schulgen in Paris verzichtete im Stil der Nazarener auf Farbe und dekorativen Zierrat. Französische Künstler nahmen sich dieser Ausdrucksform teilweise an. Interessant ist, daß gerade sie beispielsweise Motive des deutschen Nazareners Friedrich Overbeck verwandten.

Deutschland dagegen fällt ab. In Anlehnung an die französischen Stanzbilder produzierten sie Andachtsbilder, bei denen zumeist lediglich die Ränder gestanzt waren. Zu nennen ist in erster Linie die Nürnberger Kunstanstalt Carl Mayer, ebenfalls aus Nürnberg die Firmen Serz und Schemm, aus München Driendl und Gypen. Nicht unerwähnt darf jedoch der Benziger Verlag in Innsbruck bleiben, der sich durch kolorierte Stiche-Stanzbilder einen Namen machte.

Postkarten

Die Postkarte ist Inbegriff von Massenware. Um sich jedoch ein Bild davon zu machen, wie zur Jahrhundertwende in Deutschland geradezu eine Bildpostkartenmanie herrschte, diese kurzen Hinweise: Um 1900 arbeiteten in einer Frankfurter Postkarten-Fabrik über 1200 Angestellte; täglich wurden 100 neue Motive hergestellt.

Interessant ist zudem, daß Deutschland in jenen Jahren ein sogenanntes Billigland war, ähnlich wie heute Fernost. So entstanden hier gigantische Industrien, aber Deutschland war auch im Druck- und Fertigungsmaschinenbau führend.

Bedauerlich jedoch ist, daß es über die Hersteller und Verlage sehr wenig Informationen gibt. Schon gar keine Archive. Die Wissenschaft verschmähte die Beschäftigung mit diesen populären Massenproduktionen.

Wie auch bei den nachfolgend beschriebenen Genre-Bildern muß auch der drucktechnische Fachmann von heute die ungewöhnliche Qualität und die herstellerische Phantasie bewundern. Selbst bei diesen Karten ist ein 12- bis 16-Farbendruck nicht selten. Und betrachtet man unter dem Fadenzähler die

Druckqualität, so wächst der Respekt vor häufig zuvor belächelten Motiven. Vom Chromolitho bis Lichtdruck und Heliogravüre. Diese Vielfalt bestand bis Anfang der 20er Jahre, als sich das heute dominierende 4-Farben-Offsetverfahren durchsetzte.

Öldrucke – Chromolithographien – Lichtdrucke – Heliogravüren

Nebenbei: Die großen Engelbilder, Schutzengel zumeist, Kinder an Brücken und Stegen behütend, sind keine Kinderzimmerbilder, wie irrtümlich stets vermutet wird. Kinderzimmer gab es vor 100 Jahren nahezu keine, d. h. nicht im bürgerlichen und ländlichem Milieu, wofür ja diese »Volksproduktion« hergestellt wurde.

Es waren die großen Kunstgesellschaften, die den Bild-Boom der 80er Jahre des vergangenen Jahrhunderts auslösten. Die »Photographische Gesellschaft« in Berlin, die »Photographische Union« in München waren die großen »Bildungsunternehmen« der Gründerzeit, die die europäischen Galerien durchfotografierten. Es gab zuvor die gestochenen Reproduktionen, später die weichen Heliogravüren und die teuren Lichtdrucke.

»Kunst« wurde unter das Bildungsvolk in großen Stückzahlen z. B. von der »Vereinigung der Kunstfreunde« in Berlin (gegr. 1883) gebracht. Diese Drucke für Sammelmappen oder als Wandschmuck hießen »Nietenblätter«; das Mitglied, das bei der Jahresverlosung von Originalen leer ausging, konnte einen Druck wählen.

Billige Chromolithographien, die sog. Öldrucke, kamen aus Berlin, aus Breslau und Dresden, Frankfurt/M. oder Neurode in Schlesien. Seit 1845 produzierte die »Lithographische Kunstanstalt« E. G. May in Frankfurt; jedoch seit etwa 1880 keine Graphik. Die »heilige Ecke« ländlicher Wohnstuben wurde nun beherrscht von farbigen Öl-, aber auch Lichtdrucken. Das traditionelle Hinterglasbild war völlig verdrängt, zuvor schon von den Stichimitationen oder den mit Schablonen kolorierten Lithographien. Herstellungsorte waren Berlin, Frankfurt und Weißenburg.

Einige der bekanntesten Maler: H. Zatzka, Lindberg, Großmann, O. Voelkel, W. v. Kaulbach, J. Untersberger (gez.: Giovanni).

LITERATUR

Diese Auswahl an empfehlenswerter Literatur über »Engel« enthält ausschließlich Hinweise auf lieferbare, also im Handel erhältliche Titel, die sich mit dem Thema 'Engel' befassen. Hinweise auf Bücher, die das Thema 'Engel in der Bildenden Kunst' behandeln entnehmen Sie bitte den entsprechenden Bibliographien. Hier Beschränkung auf Titel, die den Sammler interessieren. Lediglich verwiesen sei auch auf zahlreiche Privatdrucke, Kataloge und Veröffentlichungen von Museen und Sammlungen, zum Thema Volksfrömmigkeit, die sich mit dem Thema 'Engel' befassen. Hinzugefügt sind zudem Titel zu figürlichem Porzellan, Druckgrafik, Andachtsbilder und Postkarten, die gute Hintergrundinformationen liefern.

Bayer, A.: Engel. Freiburg: Herder, 1987.
Brühl, G.: Porzellanfiguren – Zierde des bürgerlichen Salons. München: Callwey, 1989.
Brückner, W.: Elfenreigen-Hochzeitsraum. Die Öldruckfabrikation 1880 – 1940. Köln: DuMont, 1974.
Crispino, A.M.: Das Buch vom Teufel. Geschichte – Kult – Erscheinungsformen. Bindlach: Gondrom, 1991.
Engels, M.T.: Das kleine Andachtsbild. Prägedrucke und Stanzspitzenbilder des 19. Jahrhunderts. Recklinghausen: Bongers, 1983.
Gaisbauer, H.: Unsichtbar durch unsere Stadt. Dem Engel auf der Spur. Freiburg: Herder, 1986.
Giovetti, P.: Engel – die unsichtbaren Helfer der Menschen. Genf: Ariston-Verlag, 1991.
Godwin, M.: Engel. Eine bedrohte Art. Frankfurt: Verlag Zweitausendeins, 1990.
Läpple, A.: Engel & Teufel, Wiederkehr der Totgesagten. Eine Orientierung. Augsburg: Pattloch-Verlag, 1993.
Moolenburgh, H.C.: Engel als Beschützer und Helfer des Menschen. Freiburg: Verlag Bauer, 1985.
Nigg, W.: Bleibt ihr Engel, bleibt bei mir. Berlin: Propyläen Verlag, 1993
Ströter-Bender, J.: Engel. Ihre Stimme, ihr Duft, ihr Gewand und ihr Tanz. Stuttgart: Kreuz-Verlag, 1988.
Till, W.: Alte Postkarten. Augsburg: Battenberg Verlag, 1994.
Weinhold, G.: Engel. Himmlische Boten. Biblisch-spirituelle Sicht. Bildzeugnisse der Völker. Dachau: Bayerland-Verlag, 1989.
Wilson, P.L.: Engel. Stuttgart: Kohlhammer-Verlag, 1981.

»Das Haus der Frommen.«
Spindlers Herbstviolen.
(M. Schwind –
Leop. Beyer)

Sammler-Kataloge
topaktuell und verläßlich

Mit aktuellen Marktpreisen

Über 300 Stücke von der Renaissance bis zum Jugendsstil.
80 Seiten, 400 Abbildungen
DM 24,80/öS 198,–/sFr. 24,80
ISBN 3-89441-057-4

235 Objekte gezeigt und beschrieben. Tips zum Kaufen, Bestimmen und Bewerten.
96 Seiten, 235 Farbabbildungen
DM 34,–/öS 268,–/sFr. 34,–
ISBN 3-89441-188-0

Aktueller, erweiterter Preiskatalog mit den Marktpreisen 1994 und allen neuen Trends.
208 Seiten, 650 Abbildungen
DM 28,–/öS 218,–/sFr. 28,–
ISBN 3-89441-156-2

Systematischer Katalog mit allen Typen, Outfits und Zubehör.
96 Seiten, 156 Abbildungen
DM 28,–/öS 218,–/sFr. 28,–
ISBN 3-89441-171-6

300 Flacons vom Lalique-Klassiker bis zum Dali-Design.
88 Seiten, 380 Abbildungen
DM 28,–/öS 218,–/sFr. 28,–
ISBN 3-89441-155-4

BATTENBERG

Antiquitäten-Kataloge umfassend und kompetent

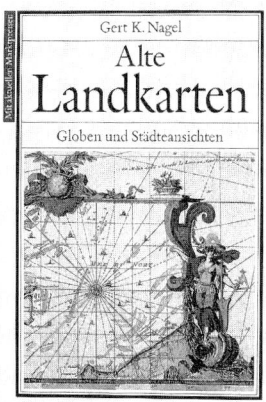

Mit aktuellen Marktpreisen

Aktualisierte und erweiterte
Auflage mit 300 alten Uhren.
196 Seiten, 300 Abbildungen
DM 48,–/öS 389,–/sFr. 48,–
ISBN 3-89441-198-8

Das komplett aktualisierte Standardwerk der Porzellankunst.
196 Seiten, 500 Farbabbildungen
DM 48,–/öS 389,–/sFr. 48,–
ISBN 3-89441-197-X

Die Neuausgabe 1994/95 mit über 5 000
repräsentativen Stücken.
600 Seiten, 5 000 Abbildungen mit aktuellen
Markt- und Auktionspreisen
DM 68,–/öS 548,–/sFr. 68,–
ISBN 3-89441-181-3

400 repräsentative Objekte. Tips,
Trends und Preisprognosen.
160 Seiten, 400 Abbildungen
DM 48,–/öS 389,–/sFr. 48,–
ISBN 3-89441-183-X

430 Objekte mit Tips zum Kauf
und zur Pflege.
204 Seiten, 450 Abbildungen
DM 48,–/öS 389,–/sFr. 48,–
ISBN 3-89441-265-8

BATTENBERG